JN224726

由緒ある
田の神石像の数々

鹿児島県有形民俗文化財20体を含め、
合計110体を紹介

写真・文 **八木幸夫** Yagi Yukio

南方新社

はじめに

　鹿児島県や宮崎県一部の旧薩摩藩領で田の神石像が作られ始めたのは、江戸時代中期である。その頃、幕府は徳川綱吉から家宣そして家継に引き継がれ、1722年には新田開発が奨励され米の増産が図られた。旧薩摩藩では、特に年貢取り立てが厳しく、農民たちは迫られる年貢のため、早朝から日暮れまで稲作を容赦なく強いられた。そのような日々の暮らしの中で、同郷の人々と一緒に田の神石像を祀りながら、田の神講で踊って過ごせる時が、苦しいながらも楽しい瞬間だったのかも知れない。

　多くの田の神石像が、水田を見渡せるような小高い場所に造立された固定型の田の神である。その他にも土地の旧家の農民や士族が自分の家の家宝として個人持ちの田の神を作成したり、また霧島市隼人町鹿児島神宮のように、神社が独自に祭田用の田の神を造立したりしている。集落の皆で費用を出し合って田の神石像をつくり、順番を決めて祭り毎に持ちまわる集落共有の持ち回り（廻り）の田の神もある。

　ただ長い歴史のなかで、以前は個人持ちや持ち回りの田の神石像であったものが、人口減少で過疎化が進み、盛んだった田の神講もなくなり、固定型の田の神に変更するものや、公民館などにしまわれたままの石像も多くある。実際に田舎に行けばいくほど過疎化は進んで、特に若い人がいなくなっており、道を聞くのすら大変なことがある。私たちの身近な歴史遺産である田の神石像にとって、危機的状況が訪れようとしているのかも知れない。

　現在では考えられないような、田の神石像にまつわる興味深い風習もある。不作に困り果てた農民たちは、豊作だった他の集落の田の神石像をこっそり盗んで、米がとれるようになると、焼酎や米などを土産にして返しにいくというオットリ（盗む）田の神の風習である。だいたい3年ほどで返しに行った。当時は盗まれた方も、目くじらを立てて怒ることもなく常態化していた。石像が返還されると、盗まれた方も、盗んだ方も、一緒に集落全体お祭り気分でお祝いしたようである。現在では考えにくい習わしであるが、当時はかなり頻繁に行われている。今回紹介する多くの由緒ある田の神が、そのオットラレタ（盗

まれた）実績を持つ田の神石像である。考え方によっては、オットラレルほど御利益のある田の神様だったともいえるのかもしれない。

　個人持ちの田の神や持ち回り田の神が作られた大きな理由は、盗難防止であったともいわれている（寺師三千夫『さんぎし11月号』）。しかし、最も古い持ち回りの田の神は、享保6年（1721年）の伊佐市大口下原田の田の神であり、一方で、固定式の田の神で最も古いとされるさつま町紫尾の田の神は、宝永2年（1705年）の作である。この差わずか16年しかない。個人持ちや持ち回りの田の神石像は、かなり以前から作成されていたのである。個人持ちと持ち回りの石像は、盗難防止のためではなく、むしろ田の神講での田の神舞用や、子孫繁栄と五穀豊穣を願った個人の家宝として、また神社の祭田用として、かなり早い時期から作成されていたのではないかと私は考えている。

　平成30年4月、私が出版した『田の神石像全記録―南九州の民間信仰―』の中で、旧薩摩藩領に存在する田の神石像2064体について、その起源や時代的背景、そして作成年代や像型および分布などについて紹介した。大まかに田の神石像のルーツは、二つを考えている。1716年頃の霧島連山新燃岳の大噴火により、壊滅的な被害をうけて、その復興のシンボルとして主に小林市やえびの市を中心に作成された神像型（神官型）と、紫尾山系の薩摩郡さつま町付近で山岳仏教の修行を行っていた山伏たちが作ったとされる仏像型（地蔵型）である。

　また、鹿児島県と宮崎県では田の神石像の分類法が異なり、大変悩まされていた。この著書では、両県で共通した分類を提示している（表1）。神像系では、神像型と神職型があり、それぞれ細分化されている。仏像系では仏像型、僧型、旅僧型、入来地方石碑型、道祖神的男女並立型、そして大黒天型などがある。また、その他、農民型、女性像、夫婦像、山伏・郷土型、自然石、石碑型など多種多様に作成されている。時代の変遷や薩摩半島や大隅半島などのそれぞれの地域によって、特徴ある石像が造立されている。

　ところで、田の神石像は誰によって刻まれたのか、大いに興味が引かれる。かなり古い年代の石像でも、製作した石工が判明しているものが多くある。本書では、分かる範囲で使用した石材の種類なども併せて紹介している。

　鹿児島県では、比較的保存状態が良好で、歴史的にも非常に価値のある20体の田の神石像を、鹿児島県の有形民俗文化財に指定している（宮崎県では田の

神に関しては文化財の指定などはない）。今回第1章では、20体の鹿児島県の有形民俗文化財の田の神石像について、第2章では、20体の宮崎県に存在する貴重で重要な田の神石像について、そして第3章では、すべての田の神石像はそれぞれの由緒や言い伝えを有しているが、特に興味深い70体の田の神像について、各石像の作成年代と製作者および石像の特徴と時代的な背景などについて、文献資料などを用いて出来る限り詳細に紹介する。補章として、2064体を報告した『田の神石像全記録―南九州の民間信仰―』の出版以来、新しく72体の田の神石像について検討を加えることができたので併せて紹介する。今回で総計2136体の田の神石像について報告できたことになる。

2019年1月

著者

※平成の市町村合併によって生まれた新たな市域があまりにも広大なため、旧町名の方が位置を把握しやすい状況が生まれている。本書では、市制施行等による住所変更後も、旧町名が残っている地域は、それを優先して使用するよう努めた。

田の神石像の分類

A. 神像系 → 新燃岳の大噴火からの復興のシンボルとして作成

1. 神像型　　　　　　　　　2. 神職型

(1) 神像型座像　　　　　　(1) 神職型椅像

(2) 神像型椅像　　　　　　(2) 神舞神職型

(3) 神像型立像　　　　　　(3) 神職型座像
　　　　　　　　　　　　　　　胡座・輪王座を含む

　　　　　　　　　　　　　(4) 神職型立像
　　　　　　　　　　　　　　　北薩摩型と大隅半島型を含む

　　　　　　　　　　　　　(5) 田の神舞神職型

B. 仏像系 → 紫尾山を中心としての山岳仏教を背景に作成

(1) 仏像型(地蔵型)　　　　(4) 入来地方石碑型

(2) 僧型立像・椅像・座像　　(5) 道祖神的並立型
　　薩摩半島型と大隅半島型含む　(6) 大黒天型

(3) 旅僧型
　　北薩摩型と大隅型含む

C. その他

(1) 農民型(都城型、高岡型を含む)　(5) 自然石、自然石文字彫

(2) 女性像　　　　　　　　(6) 石碑型、祠型(石殿型)

(3) 夫婦像　　　　　　　　(7) その他(六地蔵塔、庚申塔、
　　　　　　　　　　　　　　　　　ムクノキ、厨子、掛け軸など)

(4) 山伏・郷士型

D. 混合(融合型、分類不能な物)

(表1)

目次

第3章　由緒ある田の神石像

語句説明

四天王；仏教の世界観を示す際に記述される四鬼神。須弥山の中腹、東西南北に住むという。東の持国天、南の増長天、西の広目天、北の多聞天（毘沙門天）である。インド神話的な神であるが、仏教に取り入れられてからは仏法の守護神とされる。いずれも甲冑に身を固め、邪鬼を足下に踏む姿で表現されるのが通例。『金光明経』には四天王を信仰すれば国家安泰、五穀豊穣とあり、日本では仏教伝来とともに国家的に信仰された。法隆寺金堂の木像（飛鳥時代）、東大寺戒壇陰の塑像（天平時代）などが著名（『ブリタニカ百科辞典』）。

輪王座（りんのうざ）；仏像の座り方の基本姿勢には、基本的に立像、座像、臥像（りゅうぞう）の3種類がある。臥像は釈迦の涅槃（死）を表現して横に寝そべる姿。座像の中で、片膝を立てて座り反対側の足を床に水平にする姿勢を、輪王座という。胡座はあぐらで、安座はゆったりとあぐらをかいて座ること。他に仏教やヨガなどで用いられる結跏趺座がある。これもあぐらである。結は、趺（足の甲）を交差させることで、跏は趺を反対の足の太ももの上にのせること。

水干（すいかん）；男子の平安装束の一つ。狩衣に似て盤領（丸えり）の一つ身（背縫いがない）仕立て。糊を付けず水を付けて張った簡素な生地を用いるからともいわれる。

衣冠束帯；平安時代後期からの公家の装束の一つ。本来、直衣の束帯をもって朝廷における正装、すなわち朝服としていたものを、夜用の衣装である衣冠をもって束帯の代用をさせること、あるいはその衣冠そのものを指して「衣冠（の）束帯」と称している。そのように衣冠と束帯とは本来は別の衣装であったが、「衣冠（の）束帯」の意味が誤解され、近世においては「衣冠束帯」を朝服と同一ものとする誤解が生じている。

①**束帯**；平安時代の一番フォーマルな格好で、今でいえばモーニングの礼装に当たる。朝廷に出仕する際の一番正式な格好。原則的には、冠＋袍（ほう）＋袴＋石帯

（ベルト）で、袴は基本的に白い表袴の下に赤い下袴を重ねて履く。袍の下からはみ出して後ろに長く引きずったものを据（きょ）といい、高い位のものほど長くなる。

②衣冠（いかん）；朝廷出仕用の服装であるが、束帯を簡略化したもの。原則は、冠＋袍＋指貫（さしぬき）である。指貫は足首を紐で括った袴のこと。

③直衣（のうし）；高い位の男性の平常服と社交服で、原則は、冠か烏帽子＋袍＋指貫で、衣冠と構成が似ているが、私的な分、色使いや文様が自由に選べ、お洒落が楽しめた。正装のときは冠を着け（冠直衣）、平常は烏帽子を被る（烏帽子直衣）。参内にも着用できたいわばよそゆき。

④狩衣（かりぎぬ）；原則は烏帽子＋狩衣＋指貫になるが、その名の通り狩猟用の麻布の衣服であった。後に貴族の私服となり、素材や文様もさまざまになった。いわばカジュアルな普段着で、袖付けは後ろでわずかに縫い合わせただけなのが大きな特徴である。袖を閉じていないために、肩から脇にかけて下の色が見えるあたりがお洒落。

荒神（こうじん）；霊験あらたかな荒ぶる神とされ、今も民間で根強く信仰されている。大まかに次の二つに大別される。

①屋内の竈や台所などに祀られ、火の神、火伏せの神として信仰される三宝荒神（内荒神）。三宝荒神は、仏・法・僧の三宝を守る仏教の守護神である。

②屋外に祀られて、屋敷神、氏神、村落神として信仰される地荒神（外荒神）

天神様；天神信仰は、天神（雷神）に対する信仰。特に菅原道真を「天神様」として畏怖・祈願の対象とする神道の信仰である。

ひるまもち；かつて、住民が総出で植える田植えでは、田主（たあるじ）と呼ばれる指揮者のもとに、飾りたてた牛が代（しろ）を掻き、多数の早乙女が田植え歌を唱和し、田人が腰太鼓、笛、すりささら、鉦（かね）などの楽器ではやしていた。途中「ひるまもち」とか「おなり」と呼ばれる神格化された女性が昼食を運び、田の神とともに供応を受けた。田植え自体を労働というより神事として考え、終了時は稲の豊穣を願って性の解放などもあったという（『世界百科事典』）。

第 1 章
鹿児島県有形民俗文化財
20 体の田の神石像

鹿児島県では石像の保存状態が良好で、歴史的にも貴重な田の神石像20体を県の有形民俗文化財に指定している。今回紹介する文化財20体は、それぞれの田の神石像の分類の代表として選ばれた訳ではなく、その石像自体が持つ価値や素晴らしさから選定されている。

　分類表1に従うと、内訳は、神像型3体（立像1体、座像2体）、神職型2体（立像と座像が1体ずつ）、田の神舞神職型が5体、仏像型（地蔵型）が2体、僧型立像が7体、そして農民型立像が1体である。

1. 東市来町養母の田の神
（昭和43年3月29日県文化財指定）

　日置市東市来町養母元養母の水田空き地に祀られている。像高95cm、幅46cm、奥行27cmの威厳ある**神像型立像の田の神**（写真A－1、写真A－2）で、明和6年（1769年）に造立されている。像の背部の袴に「奉造立田之神一躰」と刻まれ、左体側の袖に「明和六己丑十二月吉日　庚申講人数　相中」と刻銘がある。庚申供養のために作成されている。

　頭には纓を長く垂れた冠をつけ、袖が地に届くほどの長衣をつけた、衣冠束帯（束帯と衣冠の区別が困難なことが多く衣冠束帯でまとめてある）の立派な立像である。頭部は風化が強く、眉の吊り上がった忿怒相、顎鬚も少々は蓄えて、威厳のある格好である。両手で胸のところに笏を立てて持ち、背後は裾らしいものが長く垂れ、台石まで着いている。石質は灰白色の粗い凝灰岩である。

　このような直立の神像型の田の神は、薩摩川内市、いちき串木野市、日置市、始良市、そして始良郡湧水町などに計14体があり、その中で東市来町養母萩のものは元文4年（1739年）作と最も古いが、残念ながら大雨被害によって激しく破損し、この養母の田の神が文化財に選ばれたといわれている。萩の像

写真A－1 東市来町養母の田の神　　写真A－2 東市来町養母の田の神

も庚申講の供養のために作られているが、庚申講も農耕のための信仰の一つと考えられている。

2. 湧水町般若寺の田の神
（昭和43年3月29日県文化財指定）

　姶良郡湧水町般若寺の日枝神社境内に祀られている（写真A-3）。像高76cm、幅70cm、奥行49cmの端正な**神像型座像の田の神**（写真A-4）で、明和9年（1772年）5月に造立されている。像の背面の纓の横下に「明和九天壬辰奉寄進　五月朔日」と刻んである。

　長い纓を背中に垂らした冠を被っており、顔の表情もしっかりして、鼻の先以外損傷はない。顔は白色に塗ってあり、衣冠束帯の座像で合わせた両手に穴があり、笏をそこに差したと思われる。衣には角があり、稜線が直線的で足の横に垂れているが、石質は固く緻密な灰黒色で地衣が付着している。次の3. 加治木町木田の田の神とよく似ているが、この田の神の方が少し大きく、木田の田の神は肩や袖などが丸味を帯びて袂が天神様のように跳ね上がっているのに対して、こちらは足の横に垂れている。この田の神は何回も盗まれたそうで

写真A-3 湧水町般若寺の田の神

写真A-4 湧水町般若寺の田の神

（『つつのは創刊号』つつのは郷土研究会、昭和47年）、すぐ近くの山中やえびの市の竹藪などに隠してあったのを、集落の人たちが持ち帰ったといわれている。当時は盗まれた方も、目くじらをたてて探すようなことはしなかった。3年くらいをめどに返還されており、返還時の送迎もにぎやかに、娯楽化していったようである。先述したように「オットラレル（盗まれる）」ということは、それほど立派な像で御利益があると思われている証しであり、20体の県指定の有形民俗文化財も、多くがオットラレの田の神である。

　この田の神石像は、宮崎県の小林市やえびの市から伊佐市菱刈町にかけて見られる神像型座像のなかで、最も古い代表的な石像の一つである。日枝神社の境内にある理由は不明で、以前田の神講は2月と10月の丑の日に行っていたといわれている。竹を割って組んだ祠に収められ、前に広がる田畑と霧島連山を望む素晴らしい場所に座っている。残念ながら昭和43年のえびの地震で首が折れて、セメント付けされた。

3.　加治木町木田の田の神
（昭和43年3月29日県文化財指定）

　姶良市加治木町木田の上の隈媛神社前に祀られている。像高65cm、幅53cm、奥行40cmの立派な**神像型座像の田の神**（写真A－5、写真A－6）で、明和4年（1767年）正月に造立されている。像の背面に「明和四丁亥正月吉日　上木田村二才中　立之」と刻銘がある。

　金網の祠の中に祀られており、仏像的表情で鼻が少し損傷している。長い纓を背後に垂れた冠を被り、衣冠束帯姿の座像である。両袂が左右に跳ね上がった姿は、天神様に似ているともいわれる。両手は前で合わせて穴があいている。通常は笏はなく、田の神講などのときに笏を差したと思われる。笏を彫ると折れることを危惧したのかも知れない。石材は、地元で採取できる桃木野石系の硬質で緻密な凝灰岩を使用している。

　鹿児島県内には、衣冠束帯や烏帽子直衣・狩衣などの神像型座像の田の神は40体ほどあるといわれ、伊佐市と姶良市が中心である。それらの神像型座像の

田の神の中で最も古いのがこの田の神である。田の神講は以前にはあったが現在はなく、隈媛神社の祭りのときにこの田の神にも供え物をして祭るとのこと。昔はこの神社の神田の田の神であった可能性もある。刻銘の二才中は、現在の青年団の意味である。

写真A−5 加治木町木田の田の神　　写真A−6 加治木町木田の田の神

4. 有明町野井倉の田の神
（昭和43年3月29日県文化財指定）

　志布志市有明町野井倉3235−5の水田畦道脇に祀られている。像高76cm、幅65cm、奥行40cm、寛保3年（1743年）正月造立の**大隅型神職型座像輪王座の田の神**（写真A−7、写真A−8）である。像の背面の袴の部分に「寛保三発辛天　奉造立　正月吉日」と刻んである。

　頭部には頭巾を被って、頭巾の下に長髪の生えぎわがみえる。顔は大きく眉や目も明らかで、庶民的な表情である。神職の布衣（ほ い）らしい長袖の着衣に、袴の足を前で組む輪王座（りんのうざ）姿で、左足は水平にして右足は斜めに立てている。石質は黒色の砂岩質で、風化はあまりみられない。右手に小さいメシゲを、左手にはスリコギをほぼ垂直に並べて持っているが、これが大隅半島の古い田の神の特徴で、曽於市と肝属郡に点在している。宮崎県の神像型の田の神の系統を引く

と思われるが、この石像は神職の布衣を着けて端然としており、**布衣姿大隅型神職型座像メシゲ・スリコギ型**の典型的なものである。

　この像は、和田にあったものが盗まれた田の神である。和田では別に昭和25年に新しいものを作り祀っている。その後和田に帰ってきたが、そのころ開かれた新田の傍らに置くと決まり、現在の位置になったといわれている。スリコギ以外はほぼ完全な像で残っている。

写真A−7 有明町野井倉の田の神　　写真A−8 有明町野井倉の田の神

5.　南大隅町川北の田の神
（昭和43年3月29日県文化財指定）

　肝属郡南大隅町川北久保の鬼丸神社前に祀られている（写真A−9）。像高82cm、幅55cm、奥行30cmの**大隅型神職型立像の田の神**（写真A−10）で、享保16年（1731年）9月に造立され、大隅半島で最古の石像である。上段台石の、向かって右側に「享保十六年辛亥　奉造立　九月八日」と刻んである。

　頭には頭巾風にシキを被り、頭は総髪、顔の表情は大分残っており、布衣姿で袖は短い。袴腰のついた括り袴風の短袴の紐を前で結び、足には沓を履いた立像である。後方からみると袴の下部が下について、腰掛け姿か長袴のよう

にみえる。右手には大きめのメシゲを、左手には太く短いスリコギを、それぞれ肩のところまで逆八の字型に持つ。花崗岩質のやや粗めの白く硬い岩に彫られ、典型的な**大隅型神職立像メシゲ・スリコギ持ち**である。メシゲとスリコギを垂直や逆八字型に左右対応して持つのが、大隅半島の古い田の神の特徴であり、10体以上ある。

　共石台の下に刻記のある大きな石台があり、その正面には紋のように縦長の球を横に二つ並べたものと、球を品字形に三つ重ねたものが彫りこんである。三つの球は先に尖りがあるので、宝珠を意味しているかと思われている。像はほとんど完全な形で残っており、大隅半島では最も古い田の神である。鬼丸神社との関係は特になく、田の神講も行われていないという。

写真A－9 南大隅町川北の田の神

写真A－10 南大隅町川北の田の神

6.　東市来町湯之元の田の神
（昭和43年3月29日県文化財指定）

　日置市東市来町湯之元の人家の狭い敷地に祀られている（写真A－11）。像高74cm、幅45cm、奥行34cmの**田の神舞神職型立像の田の神**（写真A－12）で、元文4年（1739年）3月に造立されている。共台下の台面正面に「千時元文

四年末　奉供養田の神　三月」と刻まれて、左右の台面に11人の土族名を入れ、作者宅間六之丞も記銘してある。

　大きいシキを笠状に被っているが、シキのワラの編目が丁寧に刻まれている。顔の表情も笑っているのがはっきりと分かり、舞うときに被る田の神の面の表情を再現していると思われる。上衣の袖はやや長く、首と胸に飾りが付いている。袴は前からみれば括り袴であるが、裏面からは長袴が地までついており、表裏が矛盾しているのは、長袴から短袴に変化する過渡期の現象とも考えられている。この袴変遷の現象は、他の地域でも散見されている。灰白色の粗目の硬質岩でできている。

　右手は笠のところまで上げて、持っているメシゲが笠の上面に彫られているのは、メシゲを独立して彫るのが困難であるからかも知れない。左手は大きな椀を持ち、**田の神舞神職型メシゲ・椀持ち型**としては、神舞の感じが非常によく表現されている。現在は、人家の間の道路沿いに背を向けて祀られている。ほとんど風化や損傷はない。

写真A−11 東市来町湯之元の田の神

写真A−12 東市来町湯之元の田の神

7. 鹿児島市川上町の田の神
（昭和41年3月11日県文化財指定）

　鹿児島市川上町830－3の道路沿いに祀られている。像高82cm、幅42cm、奥行30cmの**田の神舞神職型立像の田の神**（写真A－13、写真A－14）で、寛保元年（1741年）9月に造立されている。像の背面に長く一行「寛保元年辛酉九月吉日」と刻み、上の台石の正面に「川上村相中　主取　上別府之作兵衛　尊像一躰五　奉造立田神　穀成就祈願　迫門之茂右衛門　石□門之□兵衛　末吉門之惣右衛門」（以下、□は判読困難）、それに続き右面に同じく百姓4名の名を刻んで、合衆敬白と結んである。

　表面に編目を丁寧に刻んだ笠状の大きなシキを被り、顔は庶民的な笑顔の表情がよく表現されている。袖のやや長い上衣に、腰袴の付いた裁着け袴を着けて、共石の上に腰を下ろした形になっている。足には沓を履いて右手にメシゲ、左手にはスリコギを並べて立てた形に持っている。そのメシゲとスリコギは笠の縁に着けて補強されている。全体的に活動的な姿で、田の神舞を舞っている感じがあり、よく調和のとれた彫刻となっている。川上石と呼ばれる白く粗面の石を用いてあり、赤いベンガラで衣と袴の一部を彩色した痕跡がある。

　元は天満宮の神田の傍らにあったといわれているので、その神田の田の神で

写真A－13 鹿児島市川上町の田の神　写真A－14 鹿児島市川上町の田の神

あったと考えられる。盗まれて岡之原町花野の山中に隠されていたものを、川上の集落の人が兎狩りに行ったときに見つけ、六十数年前に取り返してきた。田の神講はなく、元の天満宮の祭りの際に供え物をするだけとのこと。

8. 鹿屋市野里の田の神
（昭和43年3月29日県文化財指定）

　鹿屋市野里町岡村の道路沿いに祀られている。像高77cm、幅33cm、奥行24cmの可憐な**田の神舞神職型立像の田の神**（写真A‒15、写真A‒16）で、寛延4年（1751年）に造立されている。共台の下の二段のうち上の石台は八角柱となっており、その各面に刻記がある。向かって右側より正面へと一巡して「寛延四辛未年　奉寄進　四月吉日　浅井　岡村　中　右意趣旨　田畠守護国土豊饒　諸人快楽　一一求願　如意満足故也　施主　作者　永田五右衛門　辺見次郎右衛門　永田新左衛門」と刻まれている。

　シキを頭巾風に背中に垂らして被り、シキには渦巻き編目紋が克明に刻まれている。顔の表情ははっきりして可愛らしくて、袖の長い上衣の首のところに、特有の胸飾りがついている。袴は前からみればくくり袴のような短袴であ

写真A‒15 鹿屋市野里の田の神　　写真A‒16 鹿屋市野里の田の神

るが、後面には裾のようなものが垂れていて長袴にみえる。胸や膝の突き出た立像であるが、右手はメシゲを垂れて持ち、左手には舞用の鈴を持つので田の神舞の姿である。石質は薄桃色の美しい凝灰岩であるが、ややもろくて柔らかい荒平石といわれている。

このような**田の神舞神職型胸飾りメシゲ・鈴持ち**は、大隅に8体（鹿屋市に7体、霧島市福山町に1体）あって、皆可憐な美しい像であるが、その中でこれが最も古く姿も典型的である。野里地区の水田の開田と共に作られたらしく、水神や耕地整理碑と共に立つ。腕と足が大部傷ついているのが残念である。

9. 蒲生町漆の田の神
（昭和43年3月29日県文化財指定）

始良市蒲生町漆365の道路沿いに祀られている。像高108cm、幅106cm、奥行80cmで、享保3年（1718年）に造立された豪放なつくりの**田の神舞神職型椅像の田の神**（写真A−17、写真A−18）である。像の傍らに高さ80cmの石碑があり、そこに「享保三天　奉御田神　講奇進　戊戌一二月」と刻銘がある。

丸彫りと浮き彫りの中間型である背石型といわれるもので、像の後方は像よ

写真A−17 蒲生町漆の田の神　　　写真A−18 蒲生町漆の田の神

りやや幅広く石体が残っている。ただシキの笠が大きいので、これは後ろまで突き出ている。顔面は丸くて表情はつぶれている。胸をはだけた上衣の長い袖はタスキで襷になり、長い袴を着けて半ば腰掛けた姿で、左足は立てて右足は後ろに引いている。両手で大きめのメシゲを斜めに持っている。農作業姿のメシゲ持ち型で、田の神舞を舞う姿とも思われる。右手と左膝頭とが傷ついていて残念である。石質は赤味をおびた黒色緻密な硬質なものである。

　像そのものも大きいが、彫刻が豪放でなかなか立派である。記銘の講奇進（奇はママ）の講は何講だったか不明とのことで、およそ60年前までは2月10日に田の神講をして餅を供えていた。現在は行われていないとのこと。この田の神は、昔木津志集落の青年がオットリに来たことがあり、あまり重いので担木が折れて、あきらめて帰っていったといわれている（小野重朗『田の神サア百体』）。田の神舞神職型の田の神としては最も古くて大きい、代表的なものである。

10. 隼人町宮内の田の神
（昭和29年3月29日県文化財指定）

　霧島市隼人町内山田1805の鹿児島神宮の神田敷地に祀られている。像高83cm、幅55cm、奥行53cmで、田の神舞で翁面をしたような**田の神舞神職型立像の田の神**（写真A－19、写真A－20）である。天明元年（1781年）9月に造立され、大きなシキの後方に「天明元辛丑九月吉日　正八幡宮田神沢正納右衛門」と刻む。

　ワラの編目のついた大きなシキを被るが、その前縁を上に折り曲げた形になり、そのために後方から見ると、縦径が53cmもある大きなものになっている。灰白色のやや粗い石質（火成岩）で作られているが、風化はあまり進んでいない。顔面はややつぶれているが、相貌ははっきりしており、横幅広く、顎鬚を蓄えている。これは田の神舞が翁面を被って舞うことが多いので、それをモデルにして作像しているものと考えられている。袖のやや長い上衣にくくり袴を着て、両股は丸くなり杏を履いている。

前からみると立像にみえるが、後方からは共石台の後部に腰かけた形になり、これが同時に支柱の役割をなしている。右足は少し高い共石台の上にのせて前に出ており、いかにも動きのある格好である。右手にメシゲを持って笠のところでかざしており、左手には椀を持つ。田の神舞神職型の典型的なもので、現在でも旧暦5月5日には、神田のお田植え祭りが行われ、田の神の前に祭壇が作られ、田の神舞が舞われる。集落から選ばれたトド組の人たちや青年によって、神田の田植えが行われ、見物人も何本かの苗を植えて帰る風習になっているとか。明らかに**神社神田用の田の神**で、このような神田用の田の神は、現在ではこの一例だけである。

写真A−19 隼人町宮内の田の神　　写真A−20 隼人町宮内の田の神

11.　入来町中組の田の神
（昭和41年3月11日県文化財指定）

　薩摩川内市入来町副田の道路沿いの木製の祠に大切に祀られている。像高71cm、幅37cm、奥行33cm、背を曲げて立つ長衣長袴姿の**仏像型立像の田の神**（写真A−21、写真A−22）である。宝永8年（1711年）2月に造立されている。像とは別の台石の正面に「奉建立田神　大明神　右旨者五穀　成熟諸人快楽講衆欽言　宝永第八天　二月吉日　山口村」とあり、向かって左面に主取名

2人が記されている。

　赤質の緻密な凝灰岩の丸彫りで、頭巾を肩まで被り、顔や表情は仏像風である。長衣長袴の僧衣を身に着け、背をまげた立像であるが、残念ながら両手は欠損して、袖は足元まで垂れている。刻名の通り田神大明神としてだけでなく、その上に地蔵を意味する梵字「カ」が刻んであり、仏像として作られたことも明らかであるといわれている。山口の中組には5組の田の神講があり、2月10日丑の日に講をしていたとのこと。着衣を赤く彩色した痕跡がある。入来町元村に同型同大の刻銘のない田の神があり、多分同じ作者であると思われている。二番目に古い田の神であり、仏像型の田の神の典型例である。

　最も古い田の神は、宝永2年（1705年）のさつま町紫尾井出原の田の神で、この石像と同じ型である。頭部と右大腿部が大きく欠損しているものの、脚の部分は完全に残っており、上衣には短い袖が残っている。紫尾山系の山岳信仰を担っていた山伏たちによって作成されたと考えられている。本書後半で詳細に紹介する。

写真A−21 入来町中組の田の神　　写真A−22 入来町中組の田の神

12. 伊佐市大口山野の田の神

（昭和43年3月29日県文化財指定）

　伊佐市大口山野平出水の水田を見渡す高台に祀られている（写真A－23）。像高62cm、座幅48cm、奥行42cmの**仏像型座像の田の神**（写真A－24）で、享保6年（1721年）2月に造立されている。

　蓮台の下の六角柱石の六つの面にそれぞれ刻記があり、前方四面だけ記す。

（向かって右前面）「物主　村田治兵衛　享保六天　庄屋　□坂七左衛門」

（正面）「御本地　田敬　奉造立　御神　大日如来之　白」

（左前面）「新右衛門　二月吉祥日　切　権右衛門」

（後面）「奉寄進　御講中　人数三十八人」

　石質は灰黒色の硬質の花崗岩で、頭には宝冠を被り、眉目がはっきりしている。長い仏衣を着た座像で、両手を前方に組んで智拳印を結んでいる。刻記にある通り大日如来像であるが、刻記は「奉造立田之神、御本地大日如来」と読むのが正しいとされている。田の神はすなわち大日如来なりという本地垂迹の立場にたって、大日如来そのものを造立して田の神としたといわれている。入来中組の田の神をはじめ仏像的な田の神は多いが、それらは仏像そのものではなくて地蔵的な趣がある。それに対してこの田の神は仏像そのものである。

写真A－23 伊佐市大口山野の田の神

写真A－24 伊佐市大口山野の田の神

この石像は廃仏毀釈の難をさけて地中に埋めてあったものを掘り出したといわれており、像蓮台もほとんど完全である。台石は蓮台、角柱台ともう一段あるが、傍らには庚申供養塔（安永六丁酉の刻銘がある）が造立されている。

13. 金峰町宮崎の田の神
（昭和43年3月11日県文化財指定）

　南さつま市金峰町宮崎山の上50の道路沿い高台に祀られている。像高72cm、幅35cm、奥行30cm、広く水田を見渡せる場所に立つ**薩摩型僧型立像メシゲ・鍬持ちの田の神**（写真A−25、写真A−26）で、享保17年（1732年）2月19日の造立である。像の両側横の袖に右と左に「奉供養庚申敬白」「享保十七年壬子二月九日」と一行ずつ刻み、上の台石の四面に郷士とその妻、在の農婦とその妻の名が、約28家族ほど記入してある。

　頭にはワラの編目のあるシキを頭巾風に被り、顔面はほとんど風化して分からない。長衣の袖は長く、二重の重なりをもつ襞の多い長袴を着けているが、その背面には襞はない。立像で右手にはやや小さめのメシゲ、左手には下がカギになって鍬を持った僧型立像メシゲ・鍬持ち型である。石質は粗く白色の火

写真A−25 金峰町宮崎の田の神　　写真A−26 金峰町宮崎の田の神

成岩で硬い。

　この田の神が、庚申供養のために作られたことは明らかである。だが、この像の作成された数年前に宮崎地区の水田が開田されているので、その田の守護神としても造立されていると考えられる。像自体はきちんと整って損傷は少ない。

14. 鹿児島市山田町の田の神
（昭和41年3月11日県文化財指定）

　鹿児島市山田町2275－7のJA谷山敷地に祀られている。像高67cm、幅29cm、奥行29cm、女人講で造立された**薩摩型僧型立像メシゲ持ちの田の神**（写真A－27、写真A－28）で、享保8年（1723年）11月に造立されている。上段の雲竜紋的な台の中段の台石の正面に「霜月吉日　享保八歳　女人相中」と刻んである。この地方は田の神講はなく、女人講で田の神を造立しているとのことである。

　顔面は風化が強く表情は不明であるが、頭には頭巾風にワラの編目が克明に刻まれたシキを被る。袖の長い上衣に、裳のような二段の襞が多くついて、袴

写真A－27 鹿児島市山田町の田の神

写真A－28 鹿児島市山田町の田の神

腰のない長袴の僧衣姿の直立像である。灰色緻密な硬質岩の表面に、黄色の地衣がびっしり付着しており、後方からは明らかに男性根である。右手には小さなメシゲ、左手には長めの棒を持つ。この棒は16. 吹上町中田尻の田の神の鍵状の鍬と極めて似ており、錫杖とは異なり真っ直ぐの棒で、掘り棒のようなものかと考えられている。また像や台石なども、中田尻の田の神と極めて近いもので同系のものと思われる。旧谷山市内のこれと似た像で、享保年号のものが2体あり、年号のないものが1体あるが、同一作者のものと推測されている。

刻記の女人相中は珍しい。この田の神の傍らに安永3年（1774年）の二十三夜待供養碑が立っており、そこにも女相中とあるから、この女人講は二十三夜講であったと思われている。女性が作ったせいか、像はやや小さく丸味を帯びた円筒型である。

15. 鹿児島市入佐町の田の神
（昭和43年3月29日県文化財指定）

鹿児島市入佐町巣山谷の山中の道路沿い高台に祀られている。像高96cm、幅35cm、奥行32cm、通常は絶対に目にすることができない山奥にある**薩摩型僧型立像メシゲ持ちの田の神**（写真A－29、写真A－30）で、享保12年（1727年）10月に造立されている。像の背後に「新村中誓衆　三十三名　享保十二年作者　西郷五郎兵衛　奉立田神宮寄進　十月二十三日主取川畑□兵衛」と刻んである。主取名は他に3名ほど並ぶが判明は困難とされる。

石質は白色のやや粗い凝灰岩質で、顔から胸にかけて地元で「霜ぐえ」といわれる風化がある。台石は一段だけで、石質は像とは異なっている。笠はシキではないらしいが、長衣、袖は長く肩衣を被う。長袴の前面には襞が多く、右手にメシゲを立てて持ち、左手には上部風化し下部が棒状のものを持つ。16. 吹上町中田尻の田の神や14. 鹿児島市山田町の田の神などと近い型であるが、感じは大分異なる。このあたりの新村集落は郷士集落であり、この「誓衆三十三名」も皆郷士といわれている。作者西郷五郎兵衛もやはり士族であるが、集落に西郷姓はないので他集落の石切りを副業とする郷士と考えられてい

る（小野重朗『田の神サア百体』）。

　田の神があるのは山上で、山麓が田になっている。山上に作られたのは盗まれるのを防ぐ意味もあったと考えられている。入佐地域全体が田の神講に餅の苞を供えていたらしい。通称芋石といわれる大石を背に立っている。

写真A－29 鹿児島市入佐町の田の神　　写真A－30 鹿児島市入佐町の田の神

16.　吹上町中田尻の田の神
（昭和43年3月29日県文化財指定）

　日置市吹上町中田尻の公民館横敷地に整然と祀られている。像高96cm、幅40cm、奥行30cm、立派な雲竜紋の台石に立つ**薩摩型僧型立像メシゲ・鍬持ちの田の神**（写真A－31、写真A－32）で、享保2年（1717年）正月に造立されている。3段の中の台石正面に「奉供養□　享保二丁酉年　正月十四日」と刻まれている。

　顔面はくずれて表情は不明である。頭には頭巾風に肩までシキを被り、シキは前面が一部欠けているが、ワラの編目が丁寧に刻まれている。長い袖のある上衣に、襞の多い長い袴の僧衣姿である。右手に小さなメシゲ、左手には長い鍵状の鍬と思われるものを持つが、これは袴の襞に紛れて見分けるのが困難である。田の神では5番目に古く、石質は凝灰岩質のやや粗い風化しやすいもの

で作られている。

　僧衣立像の背の高い田の神が、薩摩半島の南さつま市金峰町や日置市吹上町を中心に多くみられるが、その中で最も古く、しかも典型的なものである。3段の台石の上のものには、立派な雲竜紋が刻まれている。顔の破損がひどく少し怖い感じもするが、後方からみると像の風化はあまり強くなく、多くの石像のようにやはり男性根の姿である。

写真A−31 吹上町中田尻の田の神　写真A−32 吹上町中田尻の田の神

17.　肝付町野崎の田の神No.1
（昭和41年3月11日県文化財指定）

　肝属郡肝付町野崎大園の用水溝沿いの少し高くなったところに、2体並んで祀られている（写真A−33）。向かって右側の田の神は、像高92cm、幅33cm、奥行30cm、寛保3年（1743年）2月造立の**大隅型僧型立像鍬持ち・ワラヅト負い型の田の神**（写真A−34、写真A−35）である。像の背部の腰から足にかけて「寛保三□亥歳　奉作田神　二月十一日　和田　大園　中」と刻記がある。この地方で本城石と呼ばれる、暗赤色の緻密な石材を用いている。

　この像のシキが特徴的で、大きなシキを頭巾風に肩から背に垂れたように被り、後方からは非常に大きく背中一杯にかぶさっている。このシキは、らせん

状にワラの編目が美しく付けてあり珍しい。顔面は損傷して半分が失われ、着衣は袖の長い長衣の着流しで、袴は着けず前で紐を大きく結んでいる。肩から腕そして足にかけての立像の線が、スラリと美しい。長い柄の鍬を立てて、その柄の上部を両手で押さえている。この鍬は鍵状でなく刃の部分が大きいヘラクワである。背のシキの下に大きなワラヅトを背負っている。メシゲはワラヅトの裏に斜め十字にさしてある。このように大きなシキを頭巾風に被り、長衣の着流し、手に鍬を持ち、背にワラヅトとメシゲを背負った立像の田の神は、大隅半島中央部の計11体（鹿屋市6、肝属郡肝付町4、肝属郡東串良町1）あり、中でもこの田の神が最も古い。

写真A－33 肝付町野崎の田の神No.1

写真A－34 肝付町野崎の田の神
No.1

写真A－35 肝付町野崎の田の神
No.1

この田の神石像は、**薩摩半島の僧型立像鍬持ち・ワラヅト負い型**と関係しており、年代がやや新しいことから、薩摩半島から大隅半島へ伝播して、少し像型に変化を起こしたものと推測される。この長衣姿の野崎の田の神石像は、僧をモデルとしたものと思われるが、シキの下にみえる顔には、長髪が刻まれているので、山伏などの修験者の姿かも知れない。

18. 肝付町野崎の田の神No.2
（昭和41年3月11日県文化財指定）

　肝属郡肝付町野崎大園、No.1と並立して祀られている。向かって左側の田の神であり、像高79cm、幅35cm、奥行35cmの**大隅型僧型立像鍬持ち・ワラヅト負い型の田の神**（写真A－36、写真A－37）で、明和8年（1771年）4月に造立されている。像の背部腰から足にかけて「明和八天　奉作田神　四月廿八日　大園与　和田与」と刻まれている。

　石質をはじめ像形などNo.1と全く同様で、同じ位置に並んでいる。違っている点は、シキの編目模様が線でなく点彫りであること、顔面が完全で面長の眉目口などが浮世絵的な美しさをもつこと、背部のワラヅトの表面にメシゲが差

写真A－36 肝付町野崎の田の神
No.2　　　写真A－37 肝付町野崎の田の神
No.2

し添えられた格好になっていること、共石も完全で二段の台石があって全体の高さが増していること、などである。

　大隅半島の同系の11体の中では、17. 野崎の田の神No.1に次いで古い。なおこの**僧型立像鍬持ち・ワラヅト負い型**の分布とほぼ同じ範囲に、**旅僧型メシゲ・スリコギ型の田の神**が48体みられる。その最も古いものが明和8年（1771年）で、この田の神と同年の作である。この旅僧型メシゲ・スリコギ型は、シキと顔面は**僧型立像鍬持ち・ワラヅト負い型**と全く同じで、短い袴をはいて胸に頭陀袋を下げ、右手にスリコギを立てて持ち、左手にメシゲを水平に持つ立像である。これは僧型立像鍬持ち・ワラヅト負い型と有明町野井倉の神職型座像メシゲ・スリコギ型の二つの大隅古型を合わせて、新しく作られた型と考えられ、その後、大隅地方の田の神の主流をなしていく。

19.　東串良町新川西の田の神
（昭和43年3月29日県文化財指定）

　肝属郡東串良町新川西下伊倉の道路沿いに祀られている。像高120cm、幅42cm、奥行34cm、スラリとして端正な容貌で優雅な**僧型立像瓢箪持ちの田の**

写真A－38 東串良町新川西の田の神　　写真A－39 東串良町新川西の田の神

神（写真A−38、写真A−39）で、文化4年（1807年）の造立である。像の背部から足部にかけて「文化四歳卯三月吉日　和田門　奉寄進　次郎兵衛　下伊倉　組中」と刻まれている。石質は赤黒色の緻密な本城石である。

　総髪の生え際がはっきりみえて、あざやかな男性的相貌である。口は八の字に結び目は細く眠るような顔立ち、袖長の長衣を紐で結び長く垂らしている。点彫りシキを背後に長く垂らして被り、右手にメシゲ、左手には宝珠を持つ。瓢箪と木の葉のような物（食べ物か酒入れの容器かも）を前腹部にぶら下げて、2個の俵の上に立っている。像はベンガラで衿、袖口、メシゲなどが彩色されている。像の立つ共石は2俵の俵を刻んだ台石の上にはめ込まれている。損傷や風化はほとんどなく、スラリと立った姿や長く垂れたシキの線など、端正な容貌の美しい石像である。その下にさらに2段の台石があり、全体がきわめて高く、全長160cmにもなる。

20. 蒲生町下久徳の田の神
（昭和43年3月29日県文化財指定）

　始良市蒲生町下久徳413−1の水田道路沿いに祀られている（写真A−40）。高さ140cm、幅70cmの大きな自然石に、像高80cmの石像が浮き彫りされた**農民型立像の田の神**（写真A−41）である。明和5年（1768年）10月造立されており、石碑の前と像の横脇に「明和□子十月十八日」とある。これと同様に碑に向かって右面下方に「奉造田之御神庚申」とあり、同じく右面上方に崩れた字で「安永九庚子年四月九日　奉改元　三池原二才中」と刻まれている。

　大きな黒質の安山岩の自然石の前面に舟型のくぼみを作り、その中に田の神像が浮き彫りにしてある。シキを被り、顔は破損が強い。長袖上衣に裁着け袴姿で、農作業姿の立像である。右手は大きなメシゲを担ぐように持ち、左手は椀を持って、全体に丸味のあるふっくらと調和のとれた形である。着衣は赤くベンガラで彩色されている。自然石に田の神を浮き彫りにした石碑型の田の神は、薩摩郡を中心に始良市や霧島市、鹿児島市などにみられ、60体以上あるといわれるが、その中でこの田の神は最も古い。重い石碑型が作られた理由の一

つは、やはりオットリ防止のためと推測される。

　まず明和5年（1768年）に庚申供養のために造立され、12年後の三池原の青年組（二才中）によって安永9年の刻記がなされている。奉改元の意味は不明だが、他集落から盗まれてきたのか、青年組が管理を任されたのか不明である。

写真A−40 蒲生町下久徳の田の神

写真A−41 蒲生町下久徳の田の神

第 2 章
宮崎県の重要な
田の神石像

第1章で述べたように、鹿児島県では20体の保存状態が良く歴史的にも貴重な田の神石像を、県の有形民俗文化財に指定しているが、宮崎県では文化財の指定は行われていない。しかしながら、田の神石像の誕生の一つのルーツが宮崎県にある。1716年頃の新燃岳の大噴火からの復興のシンボルとして、小林市やえびの市を中心に神像型の石像が誕生しているように、当然、鹿児島県指定の文化財に匹敵するような貴重な田の神石像が、宮崎県にも多く存在している。

　ここで鹿児島県の田の神石像に比べ、宮崎県の石像の異なる点について簡単にまとめると、以下のようになる。①えびの市や小林市を中心に、どっしりと重量感のある神像型椅像が多くみられること、②鹿児島県の田の神舞神職型に比べ、宮崎県では身体が農民である農民型の田の神石像が多く、その代表として都城型農民型や高岡型農民型の田の神がみられること、③理由は定かではないが、いろんな像型の融合した混合型の田の神が多く存在すること、④特にえびの市では、作成年代がかなり古いと思われる、風格のある自然石の田の神が多くあること、⑤旧薩摩藩以外の場所でも、まれではあるが田の神石像がみられること、などである。

　これらの地域性の特性も踏まえて、この章では宮崎県内に存在する、重要で貴重な田の神石像20体について紹介する。分類表1に従うと内訳は、神像型8体（立像1体、椅像3体、座像4体）、武神像2体、僧型立像1体、仏像型1体、農民型5体（立像3体、椅像1体、座像1体）、大黒天型1体、六地蔵塔1体、そして混合（融合）型2体である。なお武神像2体を1体として一緒に紹介したために21体になっている。

1. 雅やかで最も古い時代の作

小林市新田馬場の田の神

　小林市真方新田馬場の道路沿い高台に、木製の祠の中に祀られている（写真B－1）。像高100cm、幅が70cmのずっしりとしたおだやかな顔の**神像型椅像の田の神**（写真B－2）で、享保5年（1720年）に造立されている。

　烏帽子を被り狩衣と袴姿で、大きな花と葉の刻まれた台石の上に腰掛けている。右手に持ち物はなく左手は欠損し、麻沓を履いている。顔と手が肌色、衣は薄い紫色、烏帽子と沓は黒色に彩色されており、平成2年3月28日に町の有形民俗文化財に指定されている。

　像の背面に「享保五寅天　二月初九日　奉造立田御神御体　施主　本田権兵衛」と刻銘がある。現在は田の神講や祭りもおこなわれていないとのこと。霧島連山新燃岳の大噴火からの復興のシンボルとして、このようなどっしりした神像型椅像の石像が作られたとされるが、その中心は霧島山麓の小林市やえびの市地方である。宮崎市の県総合博物館の民家園に、この石像のレプリカが展示してある。

写真B－1 小林市新田馬場の田の神

写真B－2 小林市新田馬場の田の神

2. 神像型と地蔵型の両者を思わせる
小林市孝ノ子の田の神

　小林市大字南西方堂田の孝ノ子公民館入口に祀られている。像高142cm、幅63cmの**神像型立像の田の神**（写真B－3）で、享保7年（1722年）の作とされている。

　烏帽子を被り両手は組んで立っているが、大変立派な珍しい田の神で、地蔵像ではないかとの錯覚すら覚える。右側面に「作者　毛利七右門」、正面に「享保七　寅歴　之御神普守護所　十一月吉祥日」、背面に「吉村、今東、平□、今村、上口、□村、尭□（□は判読困難）」と刻銘がある。

　元は小字吉村の道路沿いにあったが、後に現在地に移設されている。さらに庚申塔と共に整備された際に、台座に浮き彫りされていたボタンやゲンゲの格調高い彫刻はほとんどセメントで固められ、足元の部分も以前の姿がみられなくなってしまったといわれている。直接確認はしていないが、野尻町の『野尻町の文化財』には、この小林市孝ノ子の田の神の作成者は、菅原神社の武神像作成者の毛利雅楽であると記してあるとのこと。

写真B－3 小林市孝ノ子の田の神

3. 堂々たる風格、神像型椅像の代表

高崎町谷川の田の神

　市指定有形民俗文化財の田の神で、都城市高崎町前田谷川の道路沿い高台の木製の祠の中に祀られている（写真B-4）。像高85cm、幅75cm、奥行55cmのどっしりした**神像型椅像の田の神**（写真B-5）。享保9年（1724年）の作。宮崎県では二番目に古い。

　纓のない冠を被り衣冠束帯姿で、両側に振り広げた袖が跳ねている。右手は欠け左手は指で穴をつくり、一段の台石の上に祀られている。黒い緻密な岩で作成され、毛利七右衛門の作である。

　像の前裾の部位にやや大きく「御田之神普守護所」と刻銘があり、背部には「享保九年甲辰　奉建立　助成　高崎中　三月吉日　勧進者　河野長元坊」と刻まれている。

　谷川はかつて旧士族集落であり、高崎郷の仮屋もあり、この石像は高崎郷全体の田の神であったとのことである（小野重朗『田の神サア百体』）。

　この像のように、両手を離してそれぞれの手でメシゲや椀を持つタイプであ

写真B-4 高崎町谷川の田の神

写真B-5 高崎町谷川の田の神

る左右持ちの型の像は、両手を膝の上などで組んでいるものと比較して、特に両手や持ち物が破損しやすいといわれている。実際にそうで、時代の変化とともに、次第に壊れにくい両手輪組の像へと変化していったようである。

4. 田の神一つのルーツ、神像型椅像
えびの市内竪梅木の田の神

えびの市内竪中内竪の道路沿いに祀られている。享保10年（1725年）作の**神像型椅像の田の神**（写真B−6）。黒い火成岩に彫られており、市の有形民俗文化財に指定されている。像高78cm、像幅73cm。

目・鼻・口がはっきりと残り、端正な姿で腰掛けている。纓のない冠を被り、衣冠束帯風の服装で、両手は左右持ち、やはり先は欠落している。背後からは円形の台に腰かけた格好で、背後の左側に「享保十乙巳天　六月吉日」と刻銘がある。

このような大きな神像型椅像は、宮崎県の小林市やえびの市を中心に、鹿児島県の伊佐市菱刈町にかけて50体ほど存在するといわれる。小林市、えびの市が、田の神の一つのルーツである神像型椅像の発祥地である。古い享保年代の

写真B−6 えびの市内竪梅木の田の神

ものは5体ある。

5. 神像型の原型とも想定される
野尻町三ケ野山菅原神社の田の神

　小林市野尻町三ケ野山西原の菅原神社境内に、2体の田の神石像が対座して祀られている。霧島連山新燃岳大噴火からの復興のシンボルとして作成された、神像型石像の原型ではないかと考えられている**武神像の田の神**である。向かって左の像（写真B−7）は、像高61cm、幅50cm、奥行28cm、作成年代は不詳である。右の像（写真B−8）は、像高55cm、幅48cm、奥行24cm、延享2年（1745年）の作である。

　2体とも頭部は破損して被り物など何もなく、丸顔で風化が強く顔の表情はよく分からない。衣冠束帯風の姿で、両手は破損が強いが左右持ちで膝の上に置いている。がっちりした体格の力士様の武神像である。

　仁王のように2体の石像が対座しており、右の像の背中には「作者　毛利雅楽　川野楮岐作之　延享二甲丑七廿八日」と記銘があるという。しかし地衣の付着や風化で分かりにくい。青山幹夫先生は、これらの像は、田の神が神像型になる原型ではないかと思われるふしがあると記している（青山幹夫『宮崎の田の神像』）。

写真B−7 野尻町三ケ野山菅原神社の田の神・左像　　写真B−8 野尻町三ケ野山菅原神社の田の神・右像

6. 宮崎県知事表彰を導いた田の神
高城町桜木横手の田の神

　都城市高城町桜木横手の菅原神社横のコンクリートで作られた階段状の場所に祀られている。像高74cm、幅46cm、奥行26cm、文政12年（1829年）作の**神像型座像の田の神**（写真B−9）である。

　纓のない冠を被り、端正な顔つき、座像のために袴か指貫かが判明しないが衣冠束帯姿。両手を前で組み穴をつくっており、お祭りなどの際に笏を差していたと思われる。顔と両手は白色で、冠と中の装束単（ひとえ）は黒色、そして外の袍の装束は鮮やかなベンガラ色である。

　以前、宮田チカさん宅にあったものを現在の場所に移したとのこと。家の中に保存されていたために損傷はあまりない。チカさんの家では、明治初期に家族が病気にかかり困り果てていたが、この田の神像を祀りはじめてから病気は全快したという。また、県知事の表彰を受けるほどよく米がとれるようになったのも、この田の神のお蔭。自分の子供のように大切にされていたとのこと（青山幹夫『宮崎の田の神像』）。

写真B−9 高城町桜木横手の田の神

7. 古い歴史をもつ神社に祀られる

高城町桜木将軍神社の田の神

　市指定の有形民俗文化財で、都城市高城町桜木の将軍神社鳥居前に祀られている。像高80cm、幅67cm、奥行40cmの**神像型座像の田の神**（写真B−10）であるが、造立年代は不詳である。

　纓のない冠を被り、衣冠束帯姿で両手を輪組して穴を作っている。冠と袍の襟元は黒く、顔は白色で装束は鮮やかなベンガラ色である。現在は神社鳥居の前、大きな四角形の台座の上に祀られている。

　将軍神社とは勝軍地蔵を祀ったもので、この地蔵に祈願すると戦火と飢餓から逃れられると信じられていた。ここに社と常明寺を建てたのは桜木対馬介かその祖先で、室町時代の頃の桜木の名主であったとのこと。この付近に屋敷があって、応永34年（1427年）に、山之口の花木にも勝軍地蔵を建てたと伝えられている。

写真B−10 高城町桜木将軍神社の田の神

8. 野尻型神像型座像の原本とされる
野尻町東麓高都萬神社の田の神

　小林市野尻町東麓高都萬神社境内の参道脇に祀られており、享保18年（1733年）作の**神像型座像の田の神**（写真B－11）である。像高75cm、幅76cm、奥行35cm。

　冠を被り、角張った衣冠束帯風の姿で、両手輪組にして、祭りの際に笏かメシゲを挿すような穴が作られている。耳などは残るが摩耗が強く、顔の表情などは分からない。冠に纓が付いているか否かも不明である。

　右腕の部分に「享保十八年六月　川野尾張」の刻銘がある。後の昭和時代に作成される「野尻型神像型座像」の原型であるといわれている。明治時代以前に大王神社に祀られていたとのことであるが、享保年間に作成された古くて大変貴重な田の神石像である。膝から下が省略された座像のために、袴か指貫か不明である。

写真B－11 野尻町東麓高都萬神社の田の神

9. 昭和の作、野尻型神像型座像

野尻町野々崎の田の神

　小林市野尻町三ケ野山野々崎の神社境内に祀られている。昭和20年（1945年）作の**野尻型神像型座像の田の神**（写真B−12）である。像高60cm、幅47cm、奥行33cm。

　縷のついた冠を被り衣冠束帯風の姿で、両手でメシゲを持っている。顔とメシゲが白で、残りはすべてベンガラ色に鮮やかに彩色されている。

　この野尻型神像型座像は、すべて昭和時代初期の比較的新しい時期に作成されており、両手を組んで男性のシンボルとされる笏やメシゲを持たせるものや、装束が三角や四角の角張った表現のものが多い。この石像と8. 高都萬神社の田の神を比較してみると、両手の組み方や笏持ち以外は、頭部や角張った衣装そして座像の格好などよく似ている。ただ、どうして昭和時代になってから、このような新型の石像が作成されたのか不明である。今後、検討していきたい。

写真B−12 野尻町野々崎の田の神

10. 宮崎県では珍しい僧型立像

小林市東方仲間の田の神

　平成18年3月23日、小林市指定文化財になっており、小林市東方仲間の道路沿いに祀られている（写真B−13）。像高123cm、幅57cm、台座30cmと大きい僧型立像の田の神（写真B−14）。享保7年（1722年）の作である。木造の堂の中に安置されている。

　総髪で蓮冠を被り、広袖で襞の多い布衣と思われる僧衣姿をして、右手に御幣をかざして左手には竹製のメシゲのような杓子を持っている。元来は両手には何も持っていなかったとのこと。また、冠の部分は取り外しができるという。台座に唐獅子が二頭描かれている。背部に襞などはなく、小さく「享保七壬寅　伝吉　三月吉日　清左衛門」と刻銘があるが、これだけでは田の神であるという確証はないともいわれている。

　毎年四月五日頃に、東方の世話係りが中心となり、全体を赤のベンガラ色とお白粉の白色で厚く化粧して、メシゲにはご飯をのせて供える。これが田植え前の田の神講に相当するとのこと（小野重朗『田の神サア百体』）。

写真B−13 小林市東方仲間の田の神

写真B−14 小林市東方仲間の田の神

11. 大きなメシゲを持ち正座する

野尻町下跡瀬の田の神

　小林市野尻町東麓下跡瀬の高台敷地の木製の祠の中に、他の石像と一緒に祀られている。作成年代は不明であるが、像高43cm、幅40cm、奥行23cm、座位の**仏像型の田の神**（写真B-15）である。

　頭巾を背に垂らして被り、長袖の着物をゆったりと着て、両手で右肩の前から斜めに大きなメシゲを優勝旗のように持ち、正座している珍しい石像である。この田の神もオットラレテきたもので、いつの間にか忘れられて帰る場所が分からなくなったとか。なんともいい加減な話で、この田の神様もかなり怒っておられるのでは。

　都城市関之尾町にも、大きな自然石に浮き彫りされた同じ仏像型座像の田の神がある。第3章の23. 日置市日吉町笠ヶ野の田の神も、両手で大きなメシゲを優勝旗のように持っている。このメシゲは地蔵の持つ錫杖がメシゲに変化したとか、農耕神を意味する食事提供を表現しているともいわれている。

写真B-15 野尻町下跡瀬の田の神

12. 明るい空気をもつ都城型農民型

高城町穂満坊の田の神

　都城市高城町穂満坊の道路沿いに祀られている。像高48cm、幅40cm、奥行17cmの**都城型の農民型立像の田の神**（写真B－16）で、享保年間（1716～1735年）の作といわれている。かなり以前から作られていたことになり、新燃岳大噴火からの復興のシンボルとして作成された神像型椅像の石像とあまり時代の差がないことに驚く。

　大きなシキを被り広袖の着物に長袴姿で、右手にメシゲを立てて持ち、左手は椀を持って立っている。シキや胸元そして両手の持ち物は黄色、顔は灰色、着物は赤のベンガラ色に彩色されている。くっきりした目と垂直に立てたメシゲなど、非常に印象深い石像である。

　「何となく静かで明るい空気をもっている」と青山幹夫先生は称賛されており、作者は広くてつかみどころのない盆地で、包み込まれてしまいそうな優しさを求めていたのかも知れないと述べられている（『宮崎の田の神像』）。

写真B－16 高城町穂満坊の田の神

13. 中腰でメシゲ・短い棒持つ高岡型農民型

高岡町下倉永の田の神

　宮崎市高岡町下倉永の道路沿い敷地に祀られている。像高130cm、幅70cm、奥行50cm、明治12年（1879年）に作られた**高岡型の農民型立像の田の神**（写真B-17）である。

　大きなシキを頭の後方にずらして被り（シキが仏像の光背の役）、中腰で身体を少し前かがみにして、広袖の着物と長袴を身に着け、前を紐で結んでいる。右手にメシゲを持ち、左手には短い棒を逆八の字に膝の上に持っている。袴で腰から下は安定しており、袴の裾から足指がわずかに見えている。着物の襟と帯が黒色に塗られている。

　宮崎県内にこのタイプの石像は比較的多く存在し、光背など仏教の影響も考えられる。仏教信仰のなかで農作業を続ける農民たちを、目の前に見る思いである。後方から見ると立派な男性根である。

　なお高岡町では、江戸時代は神像型の石像のみが作成されているのに、明治時代になるとこの農民型だけになるという珍しい現象がみられる。

写真B-17 高岡町下倉永の田の神

14. 身体が農民である神楽舞姿

えびの市中原田の田の神

　えびの市中原田区山形勉宅の田の神であるが、現在はえびの市歴史民俗資料館内に展示してある。文政13年（1830年）の山形直左衛門作、像高45cm、幅42cmの**農民型立像の田の神**（写真B-18）である。

　シキを肩まで被り、胸をはだけた広袖上衣に長袴姿で、右手にメシゲで左手に飯盛り椀を持っている。右手の大きなメシゲは顔の横に振りあげて、右足を大きく前に踏み出して、今にも踊り出しそうな躍動的な姿である。この像は、山伏神楽の御伊勢講神楽の三十三番の中の田の神舞の姿を写し取ったものといわれており、えびの市には大明寺と柳水流に、この神楽が残されていたとのことである。なおこの石像の石材は加治木石といわれ、背部に「奉寄進文政十三庚寅閏　三月吉祥日　山形直左衛門」と刻銘がある。

　ここで少し田の神石像の分類についてふれてみたい。平成30年4月出版の『田の神全記録―南九州の民間信仰―』でも述べたように、鹿児島県と宮崎県でその分類方法が異なり、大変悩まされてきた。表1はそれを何とか一緒に統一して分類できないかと考えて作成したものである。鹿児島県では身体が神職

写真B-18 えびの市中原田の田の神

の田の神舞神職型が多く、おそらくこの田の神石像も、鹿児島県のものであれば田の神舞神職型と分類される可能性がある。しかしあくまでもこの像の身体は農民であり、農民型に分類されるべきである。両県でも通用するように、できるだけ身体が農民か神職かを分別して今後も分類していきたい。

15. 市のシンボル的存在
えびの市末永の田の神

　えびの市大字末永の道路沿いで、大きくて立派な木造社殿作りの祠に祀られている（写真B−19）。像高50cm、幅36cmの**農民型座像の田の神**（写真B−20）である。明治元年（1868年）の作で、「明治元年　四月九日　末永村中」の刻銘がある。

　シキを被り長袖和服姿、右手にメシゲ、左手には椀を持っている。この田の神は超派手な化粧で、メシゲと顔は白色、服は赤色、シキと台座は赤と白に縞模様に鮮やかに彩色されている。顔の表情は笑っているようで泣いているような、憂いさえ感じさせる複雑な表情であるが、派手な化粧とは対照的に、過酷な生活の中でしたたかに生きてきた農民たちの、苦渋に満ちた自分たち自身の表情かも知れないと評されている。

　また、えびの市のシンボルとして、ポスター、高速道路の市の標識などにモ

写真B−19 えびの市末永の田の神

写真B−20 えびの市末永の田の神

チーフとして用いられている。5月4日にはこの田の神様を耕運機に乗せて、三味線や太鼓で演奏しながら地区を回っているそうで、テレビ出演なども多い。この田の神も幾度かオットラレタ（盗まれた）そうであるが、それだけ霊験あらたかだったのかも知れない。

16. 蓑を肩から掛けた石像
小林市東方大丸の田の神

　小林市東方大丸の水田の道路沿いに祀られている。像高76cm、幅34cm、肩から蓑を掛けた**農民型椅像の田の神**（写真B−21）である。作成年代は不明。

　シキ様の笠を被り、長袖和服に裁着け袴姿、右手にメシゲ、左手に椀を持っている。顔はおちょぼ口、団子鼻、長い耳があり印象的である。ようやく農作業を終えたのか笑顔で、中腰にして左足を立て右ひざをついている。宮崎県の陽光あふれる広大な水田の開田記念の際に造立された。後方からみると男性根である。

　なお、蓑を掛けた田の神は珍しく、鹿屋市輝北町宮園にも1体存在する。宮

写真B−21 小林市東方大丸の田の神

園の石像は、蓑を肩から掛けた田の神舞神職型の石像である。風化がつよいが、鹿屋市の有形民俗文化財に指定されている大変貴重な田の神である。

17. 稲穂を肩にかけ笑い顔
都城市上東の田の神

　都城市上東町の児童公園内に祀られており、昭和時代の作とされる**大黒天型の田の神**（写真B-22）である。像高56cm、幅45cm。

　大きな頭巾を被り、大袖の上衣と裁着け袴姿で、左足を立てている。右手には大きなメシゲを下げて持ち、左手は稲穂を肩に掛けている（写真B-23）。ふくよかな耳、大きな口は笑っており、農民型も少し取り入れた大黒天型の田の神である。大黒天型の田の神石像は、比較的新しい作品が多く、あまり数は多くはないが各地で散見されている。各地の大黒天型は、それぞれ時代の変遷により、変わった様相の田の神石像となっている。

　もともと仏教の守護神の一人であった大黒天は、新田明神の大黒天像に代表されるように、神道の大国主と神仏習合した日本独自の神を指すことが多い。江戸時代には、豊作の神としても崇められるようになった。

写真B-22 都城市上東の田の神　　写真B-23 都城市上東の田の神

18. 神像型と地蔵型が融合した不思議な姿

野尻町紙谷川内の田の神

　小林市野尻町紙谷川内の道路沿いに木製の祠に祀られており、**神像型と地蔵型が融合した田の神**（写真B-24）である。刻銘などはなく作成年代は不詳だが、かなり古そうである。

　保存状態は比較的に良好、冠を被り衣冠束帯風の姿の座像で、白いエプロンがかけてある。右手は輪握りで笏を持つ穴があり、左手には宝珠を持ち、耳が地蔵みたいに大きい。見るからに不思議な姿である。

　鹿児島県に対し宮崎県の田の神石像の特徴はいくつかあるが、この石像のように二種類の像型が融合した田の神像が存在することも大きな特徴といえる。初めて融合型の田の神を目にすると、どのタイプの石像か大変悩まされることになる。作者はなぜ神像型と地蔵型を混合した石像を作成したのか、その理由を聞けたら聞いてみたいものである。

写真B-24 野尻町紙谷川内の田の神

19. 農民型と僧型が融合した石像

小林市真方の田の神

　小林市真方土地改良事務所前の木製の祠に祀られている。大正8年（1919年）作の比較的新しい**農民型と僧型が融合した田の神**（写真B−25）である。像高86cm、幅57cm。

　頭巾布を被り長袖和服姿で、右手は膝の上で受け手になり左手は稲穂を掴んでいる。菩薩像を思わせる穏やかな表情で、着衣などからこの石像も農民型と僧型の融合型と分かる。

　宮崎県では多くの融合型の田の神石像が存在する。その理由については不明である。鹿児島県では各地域である程度まとまった流れの型の石像が作られているが、一方で宮崎県では地域ごとでなく、石工一人ひとりの思いで田の神石像が作成され、その結果、複数の像型が融合したのではないかと想像している。いつかまとめて報告出来たらと考えている。

写真B−25 小林市真方の田の神

20. 類を見ない貴重な石塔

野尻町麓の六地蔵塔の田の神

　小林市野尻町東麓1の光運寺前の道路沿いに祀られており、安永2年（1773年）作の**六地蔵塔の田の神**（写真B−26）である。高さ117cm、幅と奥行がそれぞれ60cm。

　六地蔵を彫る六面の正面だけ童子地蔵が浮き彫りされており、他の五面は梵字で代用する珍しい形式。野尻町は地蔵が少ない土地柄であり、他に同様なものがないので貴重な石塔である。「移転の話もあったが交通事故にあい、お気の毒な姿になられた」と青山幹夫先生は紹介されている（『宮崎の田の神像』）。季節によって稲の苗が供えられたり、餅花が飾られたりしているとのこと。庚申塔や馬頭観音など多くの種類の石像が存在するが、六地蔵塔が田の神なのはこの石像のみである。

写真B−26 野尻町麓の六地蔵塔の田の神

第3章
由緒ある
田の神石像

第3章では、第1章と第2章で紹介できなかった田の神石像のうち、鹿児島県と宮崎県の両県で、特に身近な歴史遺産としての価値があり、また地域の人々に語り継がれてきた由緒のある石像70体について紹介する。

　内訳は分類表1に従って、神像型5体（椅像2体、座像3体）、神職型10体（立像4体、椅像1体、座像5体）、神舞神職型2体、田の神舞神職型13体、仏像型2体、地蔵型1体、僧型14体（立像12体、椅像2体）、旅僧型4体、入来地方石碑型と道祖神的男女並立型が2体ずつ、大黒天型1体、農民型7体（立像6体、椅像1体）、女性型3体、夫婦型2組、山伏型、自然石、四天王型、混合型、そして2神並立単体丸彫りがそれぞれ1体ずつである（2体をまとめて1体で紹介しているため70体にはならない）。

1. 日本最古の水田跡に立つ

霧島市霧島狭名田の長田の田の神

　霧島市霧島田口にある日本最古の水田跡、狭名田の長田の公園敷地に、**自然石絵文字彫の田の神**（写真C－1）がある。天保14年（1843年）の島津斉興の頃造立された。像高65cm、幅35cm、奥行30cm、石質は安山岩で、彩色などは施されていない。石碑などと並ぶ（写真C－2）。

写真C－1 霧島狭名田の長田の田の神

写真C－2 霧島狭名田の長田の石碑

写真C－3 日本最古の水田跡、狭名田の長田

旧霧島町には「天孫降臨の神話」をはじめ、霧島神宮にまつわる数多くの伝承が、今日まで語り継がれている。ここ狭名田の長田（写真C－3）は、皇孫瓊瓊杵尊（ににぎのみこと）がはじめて水稲を作った田で、日本最古の水田といわれている。瓊瓊杵尊の嫡后木花開耶姫命（このはなさくやひめのみこと）が、御子彦火火出見尊（ひこほほでみのみこと）をお生みになった時に、その新穀を収穫し祝い、狭名田と名付けたと言われている。

また『東襲山郷土史』（昭和九年刊）にも、狭名田の跡は日本最初の水田跡との記述がある。村人たちが「狭名田の跡」という碑を建てたのは大正4年という。この狭名田の跡は大字田口にあるが、付近一帯を狭名田の長田と称している。

2. 年代が明らかな日本最古の石像

さつま町紫尾の田の神

年代が判明している最も古い田の神は、薩摩郡さつま町紫尾井出原の道路沿いに他の石像群と一緒に祀られている（写真C－4）。この**仏像型（地蔵型）の田の神**（写真C－5）は、町の有形民俗文化財に指定されており、紫尾山系の山岳信仰を担っていた山伏たちによって造立されたと考えられている。

紫尾山は、継体天皇の時代に空覚上人なる僧が、頂上に「上宮権現」という小さな社を建て、麓に「紫尾山三所権現」と「紫尾山祁答院神興寺」を創建している。「紫尾山祁答院神興寺」は中世に西国高野山の異名をとるほどの天台宗の大寺院となり、修験僧が群参したという（写真C－6）。戦国時代に戦乱に巻き込まれ荒廃した。

「紫尾山三所権現」は現在の紫尾神社である。鎌倉から室町両幕府に崇敬され、江戸時代には薩摩領主島津氏から尊崇された。この地域の鎮守神として祀られ、寛永末年（17世紀中頃）には、神託で永野金山が発見されている（『さつま町の山岳信仰』さつま町歴史講座レジメ）。

最も年代が古いとされる紫尾の田の神は、像高74cm、幅36cm、奥行39cmの仏像型（地蔵型）立像で、宝永2年（1705年）に造立されている。頭部の3分の2ほどと右大腿部の一部が破損しているが、脚の部分は完全に残っており、

少し前かがみの背中に袴の腰板が明確に確認できる。上衣には短い袖がついており、背後の中央から袴腰にかけて「御田神　宝永二年乙酉十月日」の刻銘がある。

　田の神の作成年代の古いものとして、宝永年代のもの2体と正徳年代のもの3体が知られているが、これら5体の田の神は、全部「田の神」という銘を持ち、すべて仏像型である。紫尾山を中心とした山岳仏教を母胎として田の神信仰が形成されたとされているが、これら仏像型（地蔵型）立像は、この説を裏付けるといわれている。

写真C－4 さつま町紫尾の田の神

写真C－5 さつま町紫尾の田の神

写真C－6 神興寺僧侶の墓塔群

3. もしかしたら日本最古

横川町紫尾田の田の神

　霧島市横川町紫尾田の田の神は、延享元年（1744年）の作とされているが、一説には正保元年（1644年）であるともいわれている。議論は尽きないが、そうなると神像型（神官型）のこの田の神が最も古いことになる。像高62cm、幅55cmの**神職型座像胡坐像の田の神**（写真C−7）である。

　冠を被り衣冠風の姿、冠には纓がついている。襞の多い袖の袍を着て、両手輪組にして穴がある胡坐の座像で、顔貌は神像らしい威厳がある。以前に紫尾田中郡の洞窟にあったものを、戦後に現在地の高台の洞窟に移設して祀っている。背面に「延享元年甲子十一月」と思われる年号と郷士数名が刻字されている。年号については「正保元年」と読む説がある（霧島市教育委員会『霧島市の田のかんさあ』）。

　宮崎県小林市やえびの市などから、北薩の伊佐市菱刈町にかけて見られる大型の神像型の田の神の系統を引くものである。それらの田の神と上体はよく似ているが、相違点もある。宮崎県や菱刈町のものは腰掛けの椅像であるのに対し、この田の神は両足を組んだ胡座像となっている。南大隅に多くみられる神

写真C−7 横川町紫尾田の田の神

職型安座像に移行するような姿とも紹介されている（小野重朗『田の神サア百体』）。

4. 宮崎の武神像を手掛けた毛利雅楽作

伊佐市菱刈徳辺の田の神

　伊佐市菱刈徳辺の水田敷地に祀られており、像高88cm、幅70cm、奥行47cmの**神像型椅像の田の神**（写真C−8）である。作成年代不詳だが18世紀末頃と推定されている。

　衣冠束帯風の姿で、烏帽子ともいうべき纓のない冠と狩衣に木沓を履き、両手を膝の上で組んで腰掛けている。黒灰色の粗い面の硬質の岩石を彫っている。

　この型の石像は宮崎県に40体あり、鹿児島県では伊佐市菱刈町に4体あるが、中でも徳辺のものが優れている。重量感があふれ均整のとれた姿に、肩・袖・裾などの単純で微妙な線が素晴らしいと評価が高い。興味深いのは、腰掛け石の側面に「日洲、雅楽」と記銘があり、第2章の5. 野尻町三ケ野山菅原神

写真C−8 伊佐市菱刈徳辺の田の神

社の武神像と同じ作者と考えられること。武神像は延享2年（1745年）の作だから、その頃のかなり古い石像であろう。神像型の田の神誕生のルーツを知る上で、とても大切な石像である。

5. 痛々しい顔は虫除けとして削られた？
野尻町紙谷上の原の田の神

　小林市野尻町上の原の道路沿いの倉庫の中に祀られており、天保8年（1837年）作の**神像型座像の田の神**（写真C－9）である。像高80cm、幅72cm。

　烏帽子を被り、直衣姿で、両手は輪組して穴がある。顔面は破損が強く表情など不明である。おおむね野尻町の神像型は衣が角張っているのに比べ、この石像は丸みを帯びて質感を表現している。

　青山幹夫先生は、この顔の破損の状況があまりにもひどいので、その昔この石像の顔を削って水田にまくと虫除けになるとして、個人個人がひそかに削ってしまったのではないかと推察されている（『宮崎の田の神像』）。何とも痛々しい話であるが、当時は農薬などなく、農民にとっては頼みの綱だったか

写真C－9 野尻町紙谷上の原の田の神

も知れない。

6. 田の神展に出品された
加治木町小山田迫の田の神

　姶良市加治木町小山田迫の公民館敷地に祀られており、安永10年（1781年）作の**神像型座像の田の神**（写真C－10）である。像高57cm、幅48cm、奥行37cm、ほとんど風化がない。

　纓のついた冠を背に長く垂らして被り、衣冠束帯風の姿。右手に笏を持つが一部欠けており、左手は掌を開いて左膝の上に置いている。顔は面長で半眼に閉じた静かな表情で、左足先を上に出して安座している。

　背面に「溝辺崎木森講　安永十歳辛　奉御田神建立　丑四月十六日」の刻銘がある。利右エ門以下5人の作であるといわれている。以前に梅木の田にあったものを、昭和54年の基盤整備の際に、現在地に他の石造物と一緒に移設されている。昭和61年に開催された鹿児島市黎明館の「田の神展」に出品されている。

写真C－10 加治木町小山田迫の田の神

7. 非常に珍しいシラス崖にある

横川町下ノ大出水の田の神

　霧島市横川町下ノ大出水のシラス崖中腹、よくぞこんな所にと思われる場所に、2体一緒に祀られている（写真C－11）。共に**神像型座像の田の神**（写真C－12）で、作成年代は不明。

　向かって左側の田の神は、像高65cm、幅67cm、烏帽子を被り衣冠束帯、風化が強く顔の表情や持ち物などは不明である。右側の石像は、像高60cm、幅60cm、冠を被り衣冠束帯、両手を膝の上で組んでいる。このように2体並んで、シラス崖に彫られた田の神は非常に珍しい。

　風化が進んでいるのが残念だが、その作成年代や作成経過などに強く興味が持たれる。この石像を探すのに、細い山道を長時間走り、ようやく山林の中で見つけることができた。苦労を強いられたのが印象に残る。

写真C－11 横川町下ノ大出水の田の神

写真C－12 横川町下ノ大出水の田の神

8. 遠方からも目を惹く

伊佐市菱刈前目の田の神

　伊佐市菱刈前目の道路沿いに祀られており、像高106cm、幅93cm、奥行63cm、どっしりした**神像型椅像の田の神**（写真C－13）である。

　衣冠束帯的な服装で、袖は左右に跳ねており、小さな纓のない冠を被り、両手を合わせて笏をさすためか穴を作っている。後方からみると、四角の平たい台に腰かけたようにも見える。江戸期の作と考えられている。

　以前は堂山踏切近くの土手にあったが、道路拡張工事により現在地に移設された。顔と手が白色、髪・目・前掛が黒色、そして衣はベンガラ色と、鮮やかに彩色されており、遠方からも極めて目立っている。

　このようなどっしりした神像型椅像の田の神は、宮崎県の小林市やえびの市を中心に造立されているが、鹿児島県では伊佐市菱刈町のみで、先ほどの4.徳辺の田の神を含めて10体ほど存在する。

写真C－13 伊佐市菱刈前目の田の神

9. 大隅型神職型座像より以前のタイプ

肝付町南方乙田の田の神

　肝属郡肝付町南方乙田の道路沿い、薄暗い石祠の中に祀られている。寛保2年（1742年）作の**神職型椅像の田の神**（写真C-14）である。像高53cm、幅32cm、奥行27cm。

　顔は黒く変色して表情など不明である。欠けたシキを被り布衣を身に着け、左手にメシゲ様のものを持つが右手は不明である。両膝を前に出して低い台に腰掛けている。風化と摩耗が強いが、端正に佇んだ立派な像である。

　大隅半島の東部に見られるシキを被り、布衣を着て、メシゲやスリコギを立てて持つ跌座（輪王座）姿の神職型座像が作成される以前の田の神ではないかと、小野重朗先生は述べておられる（『田の神サア百体』）。

　後に様々なタイプの田の神石像が造立されていく大隅半島では、時代的な推移を考える上で大変重要な石像である。

写真C-14 肝付町南方乙田の田の神

10. 鹿屋市高隈地方に特有な神舞神職型

鹿屋市高隈町上別府の田の神

鹿屋市高隈町上別府の人家道路沿いに祀られており、明和2年（1765年）作の**神舞神職型立像の田の神**（写真C－15）である。神舞はカンメといい神楽のこと。像高65cm、幅25cm、奥行26cm。

烏帽子を被り福相の顔で歯をみせて笑っている。袂の短い上衣に、腰板のある長袴をはいている。右手には、今はないが以前は鈴を持っていたという。左手は輪を作って穴があり、幣などをさして持たせたようである。大きな幣を二本腰にさし、背部に突き出ている。よく調和のとれた像である。

台石前面に「奉祈心　明和二年乙□　二月二十日」とある。祈心は、寄進と語呂を合わせているのか。同形の田の神では最も古い。田の神舞と神楽との時代的な関連性について、寺師三千夫先生が『さんぎし12月号』（さつま文化月刊誌、昭和35年）で詳細に紹介されている。

写真C－15 鹿屋市高隈町上別府の田の神

11. レプリカもある神舞神職型

鹿屋市上高隈町鶴の田の神

　鹿屋市上高隈町鶴の水田に祀られており、この石像も江戸時代作の**神舞神職型立像の田の神**（写真C－16）である。現場に近づけずに像の測定はできていないが、ふっくらとした顔に烏帽子を被り、広袖上衣に長袴姿で、腰を少しかがめて立っている。結構風化が進んでおり、手の持ち物などは不明である。

　鹿屋市のバラ園には、市内に存在するほとんどの田の神のレプリカ像が展示されている。この石像のレプリカ（写真C－17）は、像高83cm、幅35cm、奥行30cm、烏帽子を被り襟のある広袖上衣に長袴姿で両足を覗かせており、首から数珠みたいなものを掛けている。右手に鈴で左手にメシゲを持っている。作成された頃を彷彿とさせ、よくぞここまで復元できたものだと感銘を受ける。このタイプの田の神石像は、作成年代が古く完全な形で残されたものはない。

写真C－16 鹿屋市上高隈町鶴の田の神　　写真C－17 鶴の田の神のレプリカ

12. 道祖神的男女並立型一石双体浮き彫り

薩摩川内市湯原の田の神

　薩摩川内市水引町湯原の道路沿いに祀られている。像高83cm、幅90cm、奥行22cm、寛保3年（1743年）の作成。風化しやすい凝灰岩質の前面に枠を作って浮き彫りにし、枠の上に、向かって右に日輪、左側に月輪が彫ってある。**道祖神的男女並立型の田の神**（写真C－18）である。

　枠の中には2体の田の神が並立しており（写真C－19）、向かって右が男神で、烏帽子を被り、袴姿にて両手で扇子を閉じて持つ。左側が女神で、大きなシキを笠のように被り、袖の長い長衣を着流して、手の持ち物は風化しているがメシゲと思われる。石台前部に「寛保三発亥天　奉造立田神　四月吉祥日」の刻銘がある。

　同じ型の石像で、天保12年（1841年）作の薩摩川内市陽成町中麦妙徳寺の田の神（写真C－20）は、向かって左側の女神は、シキを被り着物姿、右手でメシゲを持つ。右側の男神は、陣笠を被り羽織袴姿、右手にキネを持っている。

　男女並立型の浮き彫り田の神は、本州の道祖神の男女並立像の影響を受けていると考えられている。薩摩川内市やいちき串野市などに33体ほどある。石像の枠中の2体（男神と女神）の被り物、衣、持ち物など異なるものが多く、目を楽しませてくれる。なお石像の上部に刻まれた太陽と月は、作物を成長させ

写真C－18 薩摩川内市湯原の田の神

る偉大なる日（太陽）の神に対する農人たちの感謝の気持ちや、人間の生死に関して不思議な思いを抱かせる月への敬虔な気持ちを表すといわれている。一般的に月は女性で太陽は男性を象徴するとされる。

　山田慶晴氏は『川内市のアベック田の神石像』のなかで「川内市がアベック田の神石像の発祥地である」と述べており、また下野敏見氏は『田の神と森山の神』のなかで、一石双体の田の神は「塞の神をモデルに造られたものである」と紹介している。

写真C−19 薩摩川内市湯原の田の神

写真C−20 薩摩川内市陽成町中麦妙徳寺の田の神

13. 彩色鮮やか、風変わりな石碑型
入来町浦之名栗下の田の神

　薩摩川内市入来町浦之名栗下の集会所敷地に祀られており、明和6年（1769年）作の**入来地方石碑型の田の神**（写真C－21）である。高さ125cm、幅63cmの大きな自然石に、像高56cmと幅38cmの僧型立像を浮き彫りにしている。

　シキを被り長袖上衣に裁着け袴姿で、右手にメシゲ、左手に扇子を持つ。この型では最も古く堂々とした石像である。顔、両手は白色、シキと衣は黒色で赤い縁取りがある。非常に彩色が鮮やかで、見る人を引きつける。

　このような風変わりな僧型の石碑型浮き彫りの石像がどうしてこの地方に誕生したのか、もっと調べてみたい。持ち物の扇子が興味深いが、先ほどの道祖神的男女並立型の石像でも、男性の神が扇子を持ちものにしている場合があり、両者の因果関係についても調べてみたい。扇子は日本独自のもので、古くは奈良時代から存在し、後に能や狂言そして歌舞伎などを舞う際には、なくてはならないものとされている。

写真C－21 入来町浦之名栗下の田の神

14. 入来地方に独特のメシゲ・扇子持ち

入来町浦之名鹿子田の田の神

　薩摩川内市入来町浦之名鹿子田の墓地内に祀られており、明和8年（1771年）作の**入来地方石碑型の田の神**（写真C−22）である。高さ110cm、横65cmの端正な枠が設けられた大きな自然石に、像高58cm、幅33cmの僧型立像が浮き彫りされている。

　像は帽子風にシキを被り、長袖上衣に裁着け袴姿、右手にメシゲ、左手は欠けて不明であるが、おそらく閉じた扇子を持っていたと思われる（昭和40年頃には明らかに扇子があったとか）。自然石の形状や像の素朴な感じなど、調和がとれている。

　このようなメシゲ・扇子持ち立像の浮き彫り像は、入来地方を中心に20体あるとされ、この石像はそのうち二番目に古い。前面の左枠縁に「明和八歳　卯二月一日」と年号が刻銘されている。

写真C−22 入来町浦之名鹿子田の田の神

15. 持ち回りの田の神を固定した山伏修行僧

蒲生町久末迫畠田の田の神

　始良市蒲生町久末迫畠田の水田畦道に祀られており、元文4年（1739年）作の**山伏修行僧立像の田の神**（写真C－23）である。像高67cm、幅37cm、奥行40cm、元来は畠田の家を持ち回りされていた田の神で、家から出して田の傍らに置くことを決めたとのこと（小野重朗『田の神サア百体』）。

　黒色の緻密な火成岩を使用し、きのこ状に広がる被り物は甑のシキで、上面にらせん状に編目が刻んである。目や鼻そして口が大きく、頭部から肩にかけて総髪をなびかせ、胸をはだけた上衣に裁着け袴姿で、厳しい顔つきである。右手にメシゲ、左手には宝珠を持ち、背にはワラツトを背負っており、背後の支え石を長袴の形に彫ってある。ワラツトに「旹元文四年己末二月十二日」と刻銘がある。

　上体が極端に大きく、シキがきのこ状といい、かなり風変わりであるが、年代的にはかなり古く、その頃村を回っていた修験僧をよく表現している。

写真C－23 蒲生町久末迫畠田の田の神

16. 威厳ある地蔵型山伏姿

さつま町求名上狩宿の田の神

　薩摩郡さつま町求名上狩宿（ぐみょうかみかりじゅく）の道路沿い高台に祀られており、作成年代不詳の**地蔵型の田の神**（写真C‒24）である。高さ116cm、横70cmの大きな自然石に、像高75cm、幅52cmの山伏と思われる石像が浮き彫りにされている。

　禿げ頭で、胸空きの長袖上衣に襞のついた長袴を着て、右手にメシゲを少し下げて胸に当てて持ち、左手は輪握りをつくっている。頭の後方には光背を思わせる文様が刻まれており、大きな目、眉間に皺を寄せて威嚇しているような表情は、仏像的なイメージである。彩色は単純で、光背、衣の縁、およびメシゲは赤色の痕跡があり、石を寄せ集めて造った台の上に、水田を見渡すように立っている。

　山伏型の田の神石像は数体みられるが、どの石像も山伏の姿の表現はかなり異なっており、顔つきや持ち物など非常に興味が惹かれる。

写真C‒24さつま町求名上狩宿の田の神

17. 大きなシキを光背様に被り仏像的

祁答院町下手轟の田の神

　薩摩川内市祁答院町下手轟の水田道路沿いに祀られており、作成年代は不詳であるが18世紀末と推測されている。高さ90cm、横70cmの大きな自然石に、像高52cm、幅45cmの**僧型椅像の田の神**（写真C−25）が浮き彫りされている。

　黒色の重量感ある火成岩に、頭を丸めて光背にも思える大きなシキを被り、広袖上衣に襞のある裁着け袴姿で、右手にメシゲを少し下げて膝のところで持ち、左手は指で輪をつくっている。この光背様のシキはそのまま背面を覆って共石台と繋がっている。顔や胸元そして手と足は白色に塗られ、シキは黒色で着衣はベンガラ色に彩色されている。彩色が鮮やかで、みるからに大きくてどっしりした立派な石像である。石像を前からみると鮮やかな形や彩色にみとれるが、後方から眺めるとシキを共石台までつなげており、安定感のある石像である。

写真C−25 祁答院町下手轟の田の神

18. あまりにも端正な神職型立像

さつま町山崎上の田の神

　薩摩郡さつま町山崎山崎上（やまさきかみ）の道路沿いに祀られており、寛政5年（1793年）作の**神職型立像の田の神**（写真C−26）である。像高80cm、幅40cm、奥行35cmで、黒色の緻密な石に彫られて地衣が多くついている。

　目・眉・口は細くて端正な顔立ちで、大きなシキを肩まで被り、直衣を着て後方に大きな裾が垂れている。袖や指貫などふくらみをもって彫られている。右手にメシゲを持ち左手は指で輪をつくっている。像の腰部左右に「山崎麓下二才中　寛政五丑二月吉日」と刻銘がある。共石台の下に2個の円形の石臼を入れて台にしている。

　最初に遭遇した時に、あまりにも端正な姿に目を奪われ、尼僧の田の神石像でないかと思ったのを覚えている。後で述べる同じさつま町の30.　さつま町泊野市野の田の神や31.　さつま町泊野楠八重の田の神など、小さいメシゲを下げて持つ北薩摩型神職型立像とは、随分と趣の変わった石像である。

写真C−26 さつま町山崎上の田の神

19. 麻の葉を両手で持つ

金峰町京田の二体の田の神

　南さつま市金峰町大野京田の水田に2体の田の神が祀られており、2体とも**僧型立像の田の神**である。向かって左側が、享保16年（1731年）作の元来の石像（写真C−27）である。右側の石像は、左側の像が風化してしまったので、後で模倣して作成されたものである（写真C−28）。

　左側の元来の田の神は、像高80cm、幅35cm、奥行20cm、シキとは判別困難な頭巾を被り、長袖の僧衣と長袴を着て、両手で麻の葉を持っている。右側の模して作られた像は、像高70cm、幅35cm、奥行23cmで、頭部は破損して改作したもので、やはり長袖僧衣に長袴姿で、両手で麻の葉を持っている。

　台石の刻銘は元来の石像のもので「享保十□壬□年九月吉日　奉造立田神一躰　為五穀成就　講衆中　京田村」と記載されている。麻の葉は、衣服や漁業の網を作るのに重要な繊維の原料となる麻を表し、ここでは田の神が麻の神でもあったことになる。

写真C−27 金峰町京田の田の神・左像　　写真C−28 金峰町京田の田の神・右像

20. 一束の稲を持つ薩摩半島型の原型

吹上町花熟里の田の神

　日置市吹上町花熟里^{けじゅくり}の砂防林に祀られており、享保8年（1723年）作の**僧型立像の田の神**（写真C－29）である。粗目の凝灰岩に彫られているため、風化の影響を強く受けている。像高72cm、幅39cm、奥行24cm。

　シキではなく頭巾が肩の上まで垂れており、顔面は損傷が強く表情など不明である。長い袖の上衣に襞の多い長袴姿で、左手に一束の稲を持ち、右手には尖りのある宝珠様のものを持っている。

　上段の台石の隅に「享保八年　卯□月六日」と刻銘されている。興味深いことに、京田の田の神が麻の葉を持っていたように、この像は稲の束を持っている。作成年代もかなり古くて、薩摩半島型僧型立像の鍬やメシゲ持ちの田の神になる以前の石像ではないかと考えられている。

写真C－29 吹上町花熟里の田の神

21. 享保年間の古い薩摩半島型僧型立像

鹿児島市中山町滝の下の田の神

　鹿児島市中山町滝の下道路沿いに祀られており、享保年間（1716〜1736年）作の**僧型立像メシゲ持ちの田の神**（写真C−30）である。赤褐色の岩に彫られている。市の有形民俗文化財に指定されている。像高95cm、幅43cm、奥行37cm。

　顔は風化が強く表情などは不明。ワラの編目が刻まれたシキを肩まで被っている。袖の長い上衣に二段に襞のついた裳みたいな長袴姿で、右手に小さなメシゲ、左手には先がカギ状に曲がった原始的な木鍬を持っている。刻銘などはないが、直立した端正な像に形の整った雲竜紋の台座など、立派な石像である。後方からみるとやはり男性根である。

　鹿児島市内にも、享保年間の古い田の神石像が存在していることに驚かされる。薩摩半島型のメシゲ持ちの田の神は作成年代が極めて古く、この像も享保年間のものであろうと推測されている。

写真C−30 鹿児島市中山町滝の下の田の神

22. 二つの異なる袴を着た石像

吹上町永吉下草田の田の神

　日置市吹上町永吉下草田の道路沿いに祀られており、作成年代不詳の**僧型立像の田の神**（写真C‐31）である。像高75cm、幅30cm、奥行28cm。

　白っぽい安山岩の石に、甑のシキを被り、袂の短い上衣に裁着け袴姿の像が彫られている。風化が進んで顔の表情などは不明である。右手に小さいメシゲを水平に持ち、左手には椀を持っている。背には種籾の入ったワラヅトを背負い、両足を覗かせ、蓮弁が彫られた台石の上に立っている。

　興味深いのは、背後の腰から下の支え石に長袴が彫ってあり（写真C‐32）、前方からと後方からでは袴の種類が異なって見えること。袴の時代的な推移を示していると言われている。なおこの像には刻銘はない。やはり後方からみると立派な男性根である。

写真C‐31 吹上町永吉下草田の田の神　　写真C‐32 吹上町永吉下草田の田の神

23. 大きなメシゲを持った石像

日吉町笠ヶ野の田の神

　日置市日吉町笠ヶ野（かさごん）の道路沿い高台に祀られており、宝暦7年（1757年）作の**仏像型立像の田の神**（写真C-33）である。石碑浮き彫りの田の神では最も古い。高さ180cm、横幅80cmの大きな自然石に、像高67cm、幅46cmの大きなメシゲを持つ像が、浮き彫りにされている。

　大きな2個の石の上に浮き彫りされた石像は、シキを被り、地まで裾の着いた長袖僧衣姿で立っている。碑の縁や側面に「笠ヶ野相中　宝暦七丁丑天　奉供養　十二月十二日」と刻銘され、他にも笠ヶ野門の数人の百姓の名が刻まれている。薩摩半島一帯の墓地でみられる舟形碑に地蔵を彫った童子墓の形に極めて似ており、このメシゲは地蔵の錫杖をまねて作ったともいわれている（小野重朗『田の神サア百体』）が、一方では農耕神、もしくは食事の提供を表現しているのではないかという説もある。

写真C-33 日吉町笠ヶ野の田の神

24. 裳の多くの襞が特徴

喜入町生見帖池の田の神

　鹿児島市喜入町生見から深く山奥に入り込んだ、帖池の水田道路沿いに祀られており、作成年代不詳の**僧型椅像の田の神**（写真C−34）である。赤みがかった粗い凝灰岩で造られた、像高83cm、幅50cm、奥行35cmの石像で、高さ40cmの台石の上に安定した格好で腰掛けている。

　厚い笠状のシキを肩まで被り、広袖上衣に多くの襞のある長袴（裳）姿で、右手に椀を持ち、左手にメシゲを持っているようであるが、風化が強く明らかではない。

　多くの襞がある裳がこの像の特徴である。膨らみのある顔は風化が強く、表情などは不明である。後方からみると男性根。台石の面に文字らしいものがみえるが、風化が強くさだかではない。薩摩型の僧型石像であることから、19世紀初期を下ることはないといわれている。

写真C−34 喜入町生見帖池の田の神

25. 人身御供かも知れない
いけにえ

湧水町鶴丸の田の神

　姶良郡湧水町鶴丸の道路沿い高台に祀られている。像高76cm、幅34cm、奥行23cmの**田の神舞神職型立像**の田の神（写真C－35）で、安政7年（1860年）の作である。昭和58年12月22日、町の文化財に指定されている。

　笠状のしきを被り、右手にメシゲで左手に米櫃を持つ。広袖の上衣に脚絆を巻いた裁着け袴をはき、後方は背石でしっかりと支えられている。この田の神は次の二点で興味深い。

　①昔は個人宅地にあったものを、大正3年に前方に広がる田んぼの排水工事が行われ、その完成記念に現在地に移されたことが案内板に記されている。また、その昔にえびの市のあるところから盗んできたもので、当時は「田の神オットイ」がよく行われていたことから、取り返されないように田んぼには置かず、個人宅の敷地内に置いたという。また、「田の神オットイ」が横行していたために、盗まれないように田の神を大きく作ったり、重くするために像と台石を一体にして重みをつけたりしたということもあった（つつのは郷土研究会『つつのは創刊号』昭和47年）。

写真C－35 湧水町鶴丸の田の神

②栃木県の水使神社のお札は、右手にメシゲ左手に米櫃を抱いている婦女の立像（写真C－36、水使神社の絵馬より）であるが、豊作祈願のために犠牲になったヒルマモチ（昼間持＝田植えに働く早乙女とか飯運びの女）を神として、ねんごろに祀ったのだといわれている。この田の神石像は、水使神社のお札とよく似ており、同じように右手にメシゲを持ち、左手に米櫃を抱いている。もしかして、この田の神にも、人身御供の古い民俗が由来していないだろうか。「神かくし」の伝承や、それと係る田の神は他にないかと、市後崎長昭氏は提起されている（市後崎長昭『志布志の田の神石像、民俗資料調査報告書（一）、田の神像・民具・昔話』志布志町教育委員会、昭和50年3月）。そういえば、若い女性が急にいなくなり、犠牲にされたのではという言い伝えは、この鹿児島でも耳にしたことがある。

写真C－36 栃木県の水使神社の絵馬より

26. 最南端に位置する明るい黄色

指宿市山川成川の田の神

指宿市山川成川の道路沿いに、他の1体の田の神と並んで祀られている。像高78cm、幅38cm、奥行26cm、田仕事姿の均整のとれた**神職型立像の田の神**（写真C‐37）で、明和8年（1771年）に作成されている。山川町特産の明るい黄色の山川石という溶結凝灰岩で作られている。

シキを被り、顔の表情は少しは残っているが明確ではない。短袖上衣に襷をかけて大きめの裁着け袴姿で、右手に小さいメシゲ、左手には団子のようなものを持っている。薩摩半島の南部に田の神石像は少ないが、この田の神は最南端の古い田の神である。背後の支え石の上部に「下春二才中　山川□□□　明和八年　山川三四郎　三月十一日　八十二作之」と刻銘がある。ちなみに隣の枕崎市には、わずか3体しか田の神石像はない。

写真C‐37 指宿市山川成川の田の神

27. 何か不自然な格好

鹿児島市直木町山方の田の神

　鹿児島市直木町山方の道路下水田空き地に祀られている。寛政4年（1792年）の作で、高さ77cmと幅58cmの大きな自然石に彫られている。像高58cm、幅38cmの**僧型立像の田の神**（写真C−38）である。

　シキは大きく肩まで覆い、長袖上衣に裁着け袴姿で、右手にメシゲ、左手には椀を持っている。自然石は赤みがかった凝灰岩で、僧型立像の姿が浮き彫りされているが、体がずんぐりしており、両足は左右に開いて何か不自然な格好である。

　碑石の両脇に「寛政四年子二月吉日」と刻まれ、台石には「奉供養田神　直木村講中　宝暦三癸酉」の文字と、他に多くの人数が刻んである。前の田の神が盗まれて、今度は盗まれないように重い石像を作ったものらしい。

写真C−38 鹿児島市直木町山方の田の神

28. 頭陀袋下げ旅僧型メシゲ・椀持ち

高尾野町野平の田の神

　出水市高尾野町大久保野平の道路沿い高台に祀られ、像高63cm、幅34cm、奥行33cm、灰白色の粗い肌の安山岩で作られた**頭陀袋下げ旅僧型メシゲ持ちの田の神**（写真C－39）である。作成年代は不詳である。

　厚いシキを肩まで垂らして被り、広袖上衣に裁着け袴を地につくまで着けて、両足の間の隙間はない。頭・顔・右手などに損傷がある。肩から頭陀袋を下げて、左手に大きめのメシゲを下げて持っている。右手の持ち物は不明であるが、像型がペンギンに似ていると評されている。

　出水市の田の神は、ほとんどが托鉢してまわる旅僧型である。高尾野町浦の寛延4年（1751年）作の田の神よりも、この石像はもっと古いものと考えられている。やや新しいタイプになると裁着け袴姿から長袴姿に変化していき、また頭の被り物も肩まで被る厚いシキから、笠冠状のものになっていく。時代の移り変わりで像型が変化していくのも興味深い。

写真C－39 高尾野町野平の田の神

29. 頭陀袋下げ旅僧型メシゲ・椀持ちが進化

高尾野町浦の田の神

　出水市高尾野町大久保浦の道路沿い山斜面に祀られており、寛延4年（1751年）の作の**頭陀袋下げ旅僧型メシゲ・椀持ちの田の神**（写真C－40）である。像高55cm、幅40cm、奥行37cmで、市の有形民俗文化財に指定されている。

　総髪で大きな笠状のシキを被り、広袖上衣に長袴姿で、首から頭陀袋を下げて、右手に大きなメシゲを立てて持ち、左手には椀を持っている。風化が強いが顔は鼻や口が読み取れる。同じ頭陀袋下げ托鉢姿の僧型でも、28.野平の田の神像と比べて、シキの形やメシゲの持ち型、そして袴の種類が異なっており、やはり時代の流れによる変化が面白い。先にも述べたが薩摩半島の僧型立像では古いものでは、裳のような長袴を身に着けているが、出水地方の石像では古い方が裁着け袴姿で、後に長袴姿に変化するという逆のパターンになっている。地方ごとにある程度決まった型ができて、それを維持し続けている不思議な文化である。

写真C－40 高尾野町浦の田の神

30. 小さいメシゲ持ち北薩摩型神職像

さつま町泊野市野の田の神

　薩摩郡さつま町泊野市野の棚田の傍らに祀られており、享保13年（1728年）作の**北薩摩型神職型立像の田の神**（写真C−41）である。町の有形民俗文化財に指定されている。像高74cm、幅40cm、奥行38cm。黒褐色の緻密な凝灰岩で作られている。

　一面に編目を刻んだ甑のシキを背に垂れて被り、広袖上衣に脚絆を巻いた裁着け袴姿で、紐を大きく結んでいる。左手に小さなメシゲを垂らし左膝に下げている。右手は欠損している。頭や腹、足など、膨らみをもたせて彫ってある。腰掛けているのだが、両足の間に腰掛け石が突き出ている。メシゲがごく小さいのが、北薩摩型神職型の特徴である。

　背後から腰のところに「享保十三　戊申　十月吉日」と刻銘がある。

写真C−41 さつま町泊野市野の田の神

31. メシゲ持ちの北薩摩型神職像

さつま町泊野楠八重の田の神

　紫尾山系に最も深く入り込んだ、薩摩郡さつま町泊野楠八重^{くすばえ}の棚田の傍らに祀られている。像高52cm、幅35cm、奥行32cm、小さなメシゲを垂らして持つのが特徴の**北薩摩型神職型立像の田の神**（写真C－42）である。作成年代は不詳。

　大きなシキをアミダに肩まで被り、広袖上衣に裁着け袴姿、左手に小さなメシゲを下げて持ち、右手は欠損している。腰掛けている。黒質の肌の滑らかな石に彫られて、顔などには白く、着衣には赤く彩色されている。シキには編目が碁盤状に付けられ、丸顔で目じりを下げた表情は庶民的である。足はコンクリート付けしたために、埋もれてしまっている。刻銘はない。

　薩摩郡の山地に特有な神職型立像メシゲ持ちの田の神で、頭・肩・腹・膝など丸く膨れた姿は、田舎びた風情を醸し出している。ちなみに腹が膨らんでいるのは、満腹の様相を表現したものらしい。

写真C－42 さつま町泊野楠八重の田の神

32. スラリと高く女性的で美しい容貌

肝付町野崎塚崎の田の神

　肝属郡肝付町野崎塚崎の溜池横に祀られており、延享2年（1745年）の作の**僧型立像瓢箪持ちの田の神**（写真C－43）である。昭和46年2月25日に町の有形民俗文化財に指定されている。像高93cm、幅42cm、奥行30cm。スラリと高く、足もとに米俵を並べてその上に立ち、さらに台石があって全体で150cmにもなる。

　総髪で、顔は女性的で美しい容貌。頭には甑のシキを肩まで垂らして被り、シキにはワラの編目がはっきりと彫られている。長い袖の長衣を着流して、帯紐には大きな瓢箪と葉のような木杯が下がり、右手にメシゲ、左手に宝珠を持ち、山伏僧のように村を托鉢してまわる姿を写し取っている。

　像の前の花立て石に「塚崎郷中　延享二年乙丑三月廿日」と刻銘がある。野崎池という溜池に水神碑と並んで立っている。町の案内板には、1年ずれた延享3年（1746年）作と紹介されている。

写真C－43 肝付町野崎塚崎の田の神

33. 僧型立像鍬持ちワラヅト負い

吾平町上名中福良の田の神

　鹿屋市吾平町上名中福良の八幡神社境内に祀られており、作成年代は明和8年（1771年）頃と推定されている。**僧型立像鍬持ちワラヅト負い型の田の神**（写真C−44）である。昭和60年8月21日に市の有形民俗文化財に指定された。像高96cm、幅42cm、奥行38cm。

　総髪で大きなシキを背後に垂らして被っている。大きな袖のついた長衣を着流して、長紐の帯を前で結んで垂らし、両手を鍬の柄に置いている。肩の紐で背に水平にメシゲをさしたワラヅトを背負っている。ワラヅトの中身は種籾で、それを撒きに現れた姿と考えられている。刻銘はないが地衣がつき、顔などにベンガラ色の彩色の跡がある。

　このようにスラリと高い僧型立像鍬持ちの田の神は、肝属郡と鹿屋市に十数体あり、この田の神は損傷も少なくほぼ完全な形である。

写真C−44 吾平町上名中福良の田の神

34. 幾度も移動した僧型立像鍬持ちワラヅト負い

東串良町安留の田の神

　肝属郡東串良町安留の道路沿い公民館敷地に祀られている。黒灰色の滑らかな肌の石に彫られた、像高82cm、幅36cm、奥行30cmの**僧型立像鍬持ちワラヅト負いの田の神石像**（写真C－45）である。町指定の有形民俗文化財。

　顔面は損傷が多いが、点彫りシキを被り、長袖の長衣を着流して袴は着けていない。刃の部分が大きいヘラ鍬の長い柄の上部を、両手で杖がわりに押さえている。背にはワラヅトとメシゲを斜め十字に組み合わせた形で背負っている（写真C－46）。背後からは男性根に見える。

　この田の神は、もと安留下の宮内さん宅の私物だった。宮内吉次郎さんが昭和の初めに、よく田んぼがみえる場所がよかろうと、田んぼの近くに移された。その後、安留中区十字路に移設され、さらに、現在の公民館敷地へと移動して祀られている。農家の私物の田の神は少ないが、何かにすがって生きようとした農民が祈りを込めて作成したもので、その素朴な姿のなかに、生への強い願望が読み取れると紹介されている。自宅にある時は春と秋にはお化粧をして、赤飯を炊き豊作を祈っていたとのこと。並んでいる水神祠も宮内家の私物で、宮内吉次郎さんが集落に寄贈したものである（東串良町教育委員会『東串良郷土誌』）。

写真C－45 東串良町安留の田の神　　写真C－46 東串良町安留の田の神

99

35. スラッと端正な姿態

鹿屋市上野町岡泉の田の神

　鹿屋市上野町岡泉の水田畦道に祀られている。享和3年（1803年）作の**僧型立像鍬持ちワラヅト負いの田の神**（写真C－47）で、本城石の赤みがかった黒石に見事に彫られている。像高90cm、幅38cm、奥行30cm。

　総髪で大きな点刻シキを肩まで被り、広袖の長衣を着流して前で紐を結んで垂らしている。顔は破損しているが、両手で杖のように鍬の柄を押さえ、背にメシゲをさしたワラヅトを斜めに背負っている（写真C－48）。ワラヅトには種籾が入っていて、稲の種下しに行く姿と考えられている。大隅地方のこの鍬持ちの田の神石像は、スラッとして端正な姿態が特徴である。顔は白く、胸と袖口、紐は赤く塗られた痕跡がある。台石正面に「享和三乙亥年　奉建立田ノ御神　三月吉日」と刻銘がある。

写真C－47 鹿屋市上野町岡泉の田の神　写真C－48 鹿屋市上野町岡泉の田の神

36. メシゲとスリコギ持ちの大隅型旅僧型

吾平町大牟礼の田の神

　鹿屋市吾平町大牟礼の水田近くの高台に祀られており、江戸期後期の19世紀初頭の作の**大隅型旅僧型の田の神**（写真C−49）である。灰黒色の緻密な凝灰岩に彫られている。僧高76cm、幅40cm、奥行28cm。

　総髪で頭巾風に肩まで大きな点刻シキを被り、首から宝珠が描かれた頭陀袋を下げ、広袖上衣に裁着け袴姿、右手にスリコギ、左手にメシゲを直交するように持っている。右足を少し上げて台石に乗せて、托鉢する姿を動的に表現している。背面のシキの下の部分は、石面を出して支え石になっている。

　以前は水田の傍らに祀られていたが、現在は近くの高台に移設され、昭和62年8月22日に市の有形民俗文化財に指定されている。この像は集落で造立したものではなく、田野辺家で作成されたものといわれている。

写真C−49 吾平町大牟礼の田の神

37. 山水を伴い信仰的表現
吾平町上名車田の田の神

　鹿屋市吾平町上名車田の用水路横、車田家敷地入り口に祀られた**旅僧型の田の神**（写真C-50）である。作成年代は不詳であるが、白っぽい粗い石を丸彫りにし、その横に山水を表現したと思われる石像が添えてある。田の神石像は、像高85cm、幅43cm、奥行40cm。

　渦巻き模様のシキをアミダに被り、顔は目・鼻・口が彫られて耳もみられる。長袖上衣と裁着け袴姿で、右手に上部が欠けたスリコギ、左手にメシゲを持っている。頭上と胸元に小さい仏像が描かれて穏やかな表情である。傍らの山水には、磨崖仏風に小さい仏像が浮き彫りにされており（写真C-51）、修験道場としての山を表現していると考えられている。また、効験あった僧を田の神として崇めているといわれている。

写真C-50 吾平町上名車田の田の神

写真C-51 磨崖仏風の仏像の浮き彫り

38. バランスが取れてどっしりした姿

志布志町夏井の田の神

　志布志市志布志町夏井の道路沿いに祀られており、文久2年（1862年）に石工喜三右衛門の作（像の背部に刻銘がある）である。像高78cm、幅80cm、奥行20cmの**大隅型特有の神職型座像**（写真C−52）である。

　頭巾風にシキを被り、目・鼻・口をはっきりとみることができる。広袖和服に襞のある長袴姿で、どっしりと座り、風格がある。右手にメシゲを持って、左手にはスリコギを立てて持つ。全体的に白色で彩色されているが、メシゲやスリコギそして胸元などに、一部ベンガラ色の痕跡が残っている。像は二段の台石の上に立ち、その下には大きなコンクリートの台に石祠と並んでいる。石工の喜三右衛門は、この石像の他にも立派な石像を多く作成している。

写真C−52 志布志町夏井の田の神

39. 笑顔満面の田の神舞神職型の田の神

松山町新橋豊留下の田の神

志布志市松山町豊留下の人家庭の一角に祀られている。安永6年（1777年）作の**田の神舞神職型の田の神**（写真C－53）で、市の有形民俗文化財に指定されている。像高68cm、幅42cm、奥行25cmの石像である。

シキは背に広く垂れており、水干風の上衣に裁着け袴姿、右手にスリコギ、左手に椀を持っている。総髪が黒く塗られており、満面笑顔で着衣はベンガラ色が残り、背中に「安永六年酉四月吉日」と刻銘してある。

小野重朗先生は「この顔の表情は、もどきの芸などにみられる複雑な意味のある笑いであり、面白く農耕者の生活哲学を述べる田の神舞にみられる笑顔である」と紹介されている（『田の神サア百体』）。現在は個人の家の庭先に道路側に向けて立っている。

写真C－53 松山町新橋豊留下の田の神

40. 以前は持ち回りであった2体

志布志町安楽中島の田の神

　志布志市安楽中島の山丘中腹に2体並んで祀られており、以前は共に持ち回りの田の神であった。市の有形民俗文化財に指定されている。

　向かって左側のやや小柄な田の神（写真C-54）は、安永年間（1772〜1780年）作の**田の神舞神職型の田の神**である。像高58cm、幅40cm、奥行38cm。シキを被り袍と腰板のある括り袴で、右膝に右手のメシゲを当て、左手は欠損している。愉快に笑った表情で、ベンガラ色と緑色の痕跡がある。

　向かって右の石像（写真C-55）は、文政10年（1827年）作の**神職型座像の田の神**である。像高70cm、幅40cm、奥行30cm。頭巾風な被り物に直衣と思われる上衣を着て、右手にメシゲで左手にスリコギを立てて持つ。柔和な顔で両足を組んで趺座している。やはりベンガラ色と緑色が残る。以前は持ち回りの田の神とのことだが、重くて大きい田の神は珍しい。

写真C-54 志布志町安楽中島の田の神・左像　写真C-55 志布志町安楽中島の田の神・右像

41. 片足立てる輪王座

志布志町安楽中宮の田の神

　志布志市安楽中宮の個人宅敷地に、大切に祀られている**神職型座像趺座（輪王座）の田の神**（写真C−56）である。延享元年（1744年）に大慈寺門前弥三左衛門により作成されている。像高75cm、幅50cm、奥行40cm。

　シキかどうかは不明であるが、頭巾風の被り物を後ろに垂らして被り、直衣の上衣と腰板のある指貫風のものを身に着けている。趺座像であるが右足を立てた輪王座で、右手にメシゲ、左手にはスリコギを逆八字の形で持っている。背後の腰部に「石工大慈寺門前　弥三左衛門　延享元歳八月廿三日」と刻銘がある。

　志布志市の大慈寺門前には、墓石など彫る石工が多かったともいわれている。彩色などはないが、志布志市では最も古く、市の有形民俗文化財に指定されている。第1章の鹿児島県文化財、4.有明町野井倉の田の神も寛保3年（1743年）の作で、ほぼ同一時期の同じ型の立派な石像である。

写真C−56 志布志町安楽中宮の田の神

42. オットラレ再発防止で大型化

大隅町月野広津田の田の神

　曽於市大隅町月野広津田の公園敷地に祀られている。像高140cm、幅70cm、奥行40cmの大きな**大隅型神職型座像の田の神**（写真C−57）である。弘化4年（1847年）の作。

　頭巾を背に垂らし、広袖和服と袴姿、右手にメシゲ、左手にスリコギを垂直に持ち、丸彫りの田の神では最大級のものである。このように大きくて重い田の神石像は、志布志町内之倉森山の神職型座像の田の神（118cm、80cm、63cm）などと同様に、オットラレないように意図的に作成されたものである。また一方、盗難の被害にあわないように、宮崎県の都城市などでは石像の一部がセメント付けされているものもある。石像の風情が損なわれており、憤懣やるかたない思いである。

　この広津田の田の神も一度盗まれてしまい、今度はオットラレないようにこのサイズで作ったといわれている。志布志町内之倉森山の田の神は、その昔、引っ張って盗もうとしたが、綱が切れてしまい失敗に終わったとの記載がある（志布志市教育委員会『民俗資料調査報告書』）。

写真C−57 大隅町月野広津田の田の神

43. 大隅型頭陀袋下げ旅僧型スリコギ・メシゲ持ち
東串良町岩弘中の田の神

　肝属郡東串良町岩弘中の川沿い堤防に、他の石造物と並んで祀られている。像高82cm、幅40cm、奥行35cm、総髪で肩までの点刻シキを被り、首から宝珠のマークの付いた頭陀袋を下げた**大隅型頭陀袋下げ僧型立像スリコギ・メシゲ持ちの田の神**（写真C−58）である。

　広袖上衣に脚絆を巻いた裁着け袴姿、右足を少し上げて前に歩き出して托鉢に出かける格好である。また右手にスリコギを立てて持ち、左手にはメシゲを地に水平に持って、二つの持ち物がほぼ直角になっている。背面は大きな背石でしっかりと像を支えている。なお、この点刻シキは、縄の目が立派に見える甑のシキと異なり、シキに点状に模様が施されており、大隅地方独特の旅僧型の田の神などに用いられている。

　大隅型の頭陀袋を下げる旅僧型スリコギ・メシゲ持ち型と、前述した出水地方の頭陀袋を下げた北薩摩型旅僧型メシゲ・椀持ち型とは、像型や持ち物など大きく異なっている。

写真C−58 東串良町岩弘中の田の神

44. 履物が左右で異なる珍しい石像

肝付町半下石の田の神

　肝属郡肝付町馬場半下石の道路沿いに祀られており、町の有形民俗文化財に指定されている。像高75cm、幅44cm、奥行40cm、一風変わった**旅僧型立像の田の神**（写真C-59）である。

　顔は目と口は分かるが、鼻の部分の損傷が激しく、表情など窺い知ることは困難である。甑のシキを肩まで深く被り、広袖上衣に裁着け袴姿で、右手にスリコギ、左手にメシゲを逆八の字状に持っている。右足を一歩前に出して、托鉢に出かけようとしている姿を写し取ったものである。

　興味深いのは、石像の僧が履き間違えたのか、右足に草履をはき、左足には下駄をはいていることである。遊び心で作成されたのかなとも思われるが、履物が左右で異なるのは県下でも非常に珍しい。石工は福原矢吉で、昭和3年（1928年）に造立されている。

写真C-59 肝付町半下石の田の神

45. 笑顔いっぱいの石工名島喜六作

加治木町日木山里の田の神

　姶良市加治木町日木山里の個人宅の庭先に祀られている。像高82cm、幅33cm、奥行40cmの**田の神舞神職型の田の神**（写真C−60）である。石材は近くで採れる肌の粗い白質凝灰岩の二瀬戸石。石工名島喜六の作であるが、刻銘などはない。

　ワラの編目が丁寧に刻まれた典型的な瓶のシキを被り、長袖上衣に裁着け袴、右手にメシゲを右膝の前で持ち、左手はシキを支え、今にも踊り出しそうな格好。笑みいっぱいの笑顔を巧みに表現し、袖が襷で短くたくし上げられた躍動的な石像である。天保年間（1830〜1843年）の作品といわれている。昭和43年9月に、旧加治木町の有形民俗文化財に指定された。

　昭和59年10月、東京で開催された「ほほえみの石仏展」で、全国から集められた150体の中でひときわ目立ち、注目されたという。

写真C−60 加治木町日木山里の田の神

46. 前田喜八の作か、見事な舞い姿

鹿児島市東佐多町東下の田の神

　鹿児島市東佐多町東下鎮守神社境内に祀られている。作成年代は不詳であるが、享保21年（1736年）頃といわれている。市の有形民俗文化財に指定されている。像高94cm、幅70cm、奥行58cm、黒質の凝灰岩に丸彫りされた**田の神舞神職型の田の神**（写真C-61）である。

　後方に突き出た大きな甑のシキを笠状に被り、袂の短い布衣に裁着け袴姿で、下がり目で口元は笑っている。右手はメシゲをシキの裏にかざして持ち、左手には椀を持って、いかにも田の神舞を舞う格好。赤や白などで鮮やかに彩色してある。

　姶良市触田の田の神、吉田町西佐多浦鵜木の田の神、そしてこの田の神の3体は、襟元の渦巻き模様など作りが似て立派である。また鵜木の石像には前田喜八と作者の名が刻まれた石碑が添えてある。これら3体は同じ作者の田の神と思われる。この東佐多浦の田の神の作成年代は不明だが、他の2体が享保21年（1736年）と元文2年（1737年）なので、その前後の作と考えられている。

写真C-61 鹿児島市東佐多町東下の田の神

47. 細長顔で笑顔が特徴的
鹿児島市有屋田町の田の神

　鹿児島市有屋田町山下家の道路沿い水田跡地にある。像高75 cm、幅40cm、奥行40cm、昭和7年（1932年）に石工笹山末吉により作成された**田の神舞神職型の田の神**（写真C－62）である。現在は、中々見つけにくい藪の中に、忘れられたように祀られている。

　先尖りで編目のはっきりしたシキを帽子状に被り、腰をかがめて野良着に裸足で、左膝を立てその上に輪握りの左手を置いている。右手には立派な鈴を立てて持ち、特徴的な細長の顔に歯を見せる笑顔で、今にも田の神舞を踊り出しそうな格好である。歯は白く見えて、顔全体も白っぽく見えるが、化粧のせいか地衣の付着のせいかはっきりしない。比較的新しい年代の作品だが、印象深い立派な石像である。

写真C－62 鹿児島市有屋田町の田の神

48. 最も滑稽でユーモラス

姶良市触田の田の神

　姶良市触田稲荷神社境内に祀られており、元文2年（1737年）の作の**田の神舞神職型立像の田の神**（写真C−63）で、市の有形民俗文化財に指定されている。

　ワラの編目のついた大きなシキを被り、膨らみのある布衣と長袴姿で、右手のメシゲを顔の横に振り上げ、左手は椀を持って左膝を曲げ、今にも踊り出しそうな格好をしている。ベンガラ色に塗られた大きな丸い顔は下がり目で、笑いの表情豊かである。メシゲも少し曲げられ、最も滑稽でユーモラスな田の神の一つである。赤みのある凝灰岩に像は刻まれている。

　残念なことに、シキ・メシゲ・顔・布衣の部分に一直線状に傷跡が残されている。石像と並んで石碑があり、その面に「御田之神／元文二天巳　十月十八日」などとともに人名が刻銘されている。

写真C−63 姶良市触田の田の神

49. おどけた表情で田の神舞姿
姶良市西田の田の神

　姶良市下名西田の道路沿い空き地に祀られており、文化2年（1805年）作の**田の神舞神職型の田の神**（写真C‐64）である。高さ107cm、横77cmの黒赤色の大きな自然石に、像高71cm、幅66cmの像が浮き彫りされており、市の有形民俗文化財に指定されている。

　シキの笠を被り、べそをかいた大きな顔は、目と眉は下がって鼻は妙に大きくて頬も膨れている。短袖の上衣に長袴姿で襷がけをして、右手には柄の曲がったメシゲを持っている。左手は笠の下に当てており、その手は細くて何かバランスが悪いが、かえって庶民的な表現にもなっている。

　像の縁の石面に「寄進　文化二年乙丑四月吉祥日　姶良郡山田西田上下郷中」と刻銘がある。年代の推移とともに田の神の格好もだいぶ変化している。

写真C‐64 姶良市西田の田の神

50. 見るからに滑稽な姿

祁答院町藺牟田大坪の田の神

　薩摩川内市祁答院町藺牟田大坪の公民館敷地に祀られており、天明2年（1782年）作の**田の神舞神職型の田の神**（写真C‐65）である。像高70cm、幅40cm、奥行25cm。

　前が欠けたシキを被り、広袖上衣に襷がけをして長袴を身に着け、右手にメシゲ、左手は欠けて持ち物も不明である。顔だけはあまり風化が進んでいない。ひどい下がり目で口は逆に端が吊り上がり、見るからに滑稽な姿である。この顔の表情の滑稽さや曲がったメシゲ、そして袴の襞の歪みなどは、田の神舞の芸の様子を模写しているようでもある。

　袴の背後に「天明二年壬辛四月　奉寄進　講相中」と刻銘がある。現在は公民館前庭にコンクリートで固定してあるが、以前は持ち回りの田の神であったとのこと。

写真C‐65 祁答院町藺牟田大坪の田の神

51. メシゲを両手で持ち飯をすくう格好

姶良市木津志堂崎の田の神

　姶良市木津志堂崎の人家の庭先に祀られており、文化2年（1805年）作の**田の神舞神職型の田の神**（写真C－66）である。市の有形民俗文化財に指定されている。像高100cm、幅80cm、奥行50cmと比較的大きく、赤黒色の緻密な肌の加治木石に彫られている。

　シキの笠を頭巾風に被って大きな顔を突き出し、上衣の袖は襷で持ち上げられ、袴の足は歩き出した格好である。メシゲを両手で持って飯をすくう姿で、袴は一回よじってはいている。このように滑稽な服装や田の神舞に登場する翁面に似た顔などが、この石像の特徴である。

　背部に「文化二丑年　奉寄進　九月吉日　上木津志郷中」と刻銘がある。郷中で作ったものであるが、現在は上脇家の庭に祀られている。

写真C－66 姶良市木津志堂崎の田の神

52. どっしりした自然石浮き彫り

鹿児島市伊敷6丁目新村の田の神

　鹿児島市伊敷6丁目3新村の道路沿いに祀られており、安永7年（1778年）作の田の神舞神職型の田の神（写真C−67）である。市の有形民俗文化財に指定されている。高さ114cm、横80cmの黄色っぽい大きな凝灰岩に、像高62cm、幅42cmの石像が浮き彫りされている。

　像は大きなシキを被り、広袖上衣に裁着け袴姿で、右手にメシゲ、左手に椀を持ち、衣の袖を大きく広げて、枠からはみ出して彫ってある。

　昔は10月17日に田の神講が行われていたとか。石背部に多くの刻銘があるが、判読しにくい。例えば「−−−　椀具指挙　歓面微笑　護持福田　長産米穀萬年　安永七戊戌三月吉日　造立二才中」など。高速道路が完成したとき、現在地に移設されている。

写真C−67 鹿児島市伊敷6丁目新村の田の神

53. 庚申講供養碑として造立された

鹿児島市薬師2丁目の田の神

　鹿児島市薬師2丁目31小学校校庭に祀られている。安永2年（1773年）作の**田の神舞神職型の田の神**（写真C‐68）で、市の有形民俗文化財に指定されている。高さ144cm、横67cmの大きな火成岩の自然石に、像高55cmの像が浮き彫りされている。

　顔の損傷がひどく表情などは不明である。大きな笠状のシキを被り、広袖上衣に裁着け袴姿で、右手はメシゲを上げて持ち、左手は膝の上にあるが持ち物は不明である。足は開いて田の神舞を踊っているようにも見える。

　自然石の裏面に「安永二□　巳正月十六日　奉供養庚申講　西田名二才中」と刻銘がある。旧西田村の青年たちによって庚申講の供養碑として造立されたもの。現在、周辺は宅地に変わり、昔の景色の面影は全くみられない。

写真C‐68 鹿児島市薬師2丁目の田の神

54. 気品が漂う狩衣と指貫風袴姿

鹿児島市谷山中央6丁目の田の神

　鹿児島市谷山中央6丁目木之下のちびっこ公園内に祀られている。宝暦6年（1756年）作の**田の神舞神職型**の田の神（写真C−69）で、細かい穴のある粗い肌持ちの凝灰岩に彫られている。市の有形民俗文化財に指定されている。像高73cm、幅33cm、奥行28cm。

　笠状のシキを被り、狩衣風の上衣と指貫風の袴姿の神職型で、右手にメシゲ、左手に椀を持っている。背後に裾を引いた形で、それが像を支えている。上体を大きく、下体を縮めて作っている。

　背部に「宝暦六子天二月吉日　奉供養田之神」と刻銘がある。風化も損傷もほとんどなく、風格ある田の神石像である。この集落は、旧谷山の士族の集落である。刻まれた文字も美しく、「供養」という表現にも士族の気品を感じると小野重朗先生は紹介されている（『田の神サア百体』）。以前はこの田の神よりもっと古い石像があったとのこと。

写真C−69 鹿児島市谷山中央6丁目の田の神

55. 頭陀袋下げ旅僧姿

鹿児島市星ヶ峯3丁目の田の神

　鹿児島市星ヶ峯3丁目の第3公園内に祀られている。宝暦12年（1762年）作の**旅僧型立像の田の神**（写真C−70）で、市の有形民俗文化財に指定されている。硬質で黒い凝灰岩に、像高81cm、幅56cm、奥行37cmの石像が刻まれている。

　顔は風化が強く、表情などは不明である。螺旋形の輪が刻まれた瓶のシキを被り、広袖上衣に脚絆を巻いた裁着け袴姿の旅僧型である。右手にメシゲ、左手に椀を持ち、首から頭陀袋を下げている。明らかに僧が村を托鉢している姿を写し取ったものである。

　角石台の前面に「宝暦十二年壬午十月吉日　奉寄進　庚申□中」と刻銘がある。当時は庚申講供養碑として、田の神を作る風習が盛んだったようだ。五ヶ別府町蕨野にあったものを、現在地に移設している

写真C−70 鹿児島市星ヶ峯3丁目の田の神

56. 非常に珍しい二神並立単体丸彫り

いちき串木野市袴田の田の神

　いちき串木野市上名袴田の道路沿いに祀られており、文久2年（1862年）に作成された**二神並立単体丸彫り男女像の田の神**（写真C－71）である。2体の男女像は同じ台石でつながって丸彫りされており、向かって右の男性像は神職型で、左の女性像は僧型になっている。この組み合わせも非常に興味がもたれる。台石は140×56cm、両方の像とも像高56cm、幅57cm、奥行30cmである。

　右の神職型の男性像（写真C－72）は、纓のある冠を被り、広袖上衣と袴姿、両手で笏を持っている。左の僧型の女性像（写真C－73）は、シキを被り、広袖上衣に袴姿、右手にメシゲ、左手に椀を持っている。

　このような丸彫りの二神並立の田の神は非常に珍しく、他には薩摩川内市網津町井上に、もう一体存在するのみである。

　台石前面に庄屋と門百姓数人の名が刻銘してあり、「奉再興　□久二年壬戌三月　下方限」と刻んである。古くからの田の神が盗まれて、文久2年（1862年）に新しい田の神を、流行の男女並立型で作成したと思われる。

　なおこのような像は、薩摩川内市やいちき串木野市などで多く見られる、道祖神的男女並立型の一石双体浮き彫り像からヒントを得て、作成されたといわれている。

写真C－71 いちき串木野市袴田の田の神

写真C−72 いちき串木野市袴田の田の神・右男性像

写真C−73 いちき串木野市袴田の田の神・左女性像

57. 四天王に似せた立派な大黒天型

薩摩川内市楠元町の田の神

　薩摩川内市楠元町の楠元下公民館近くに祀られており、高さ170cm、幅68cmの大きな石に、高さ120cmもの大きな像が浮き彫りされている。**四天王を模した大黒天像の田の神**（写真C－74）である。万延元年（1860年）の作。

　前面に飾りの付いた笠状の帽子を被り、広袖が垂れ、肋骨線の彫られた上衣に野袴風のものをはき、右手にメシゲ、左手に打出の小槌と思われるものを持つ。二俵の米俵の上に二本の足で立っている。

　兜鎧姿の四天王像を模して作られたといわれるが、持ち物などから大黒天像の影響を大きく受けていると思われる。この頃になると、田の神石像もいろんな時代的な影響を受けていくことになる。枠縁に「万延元年庚　申十月廿六日献立之」と刻銘がある。ベンガラ色と白黒で鮮やかに彩色され、極めて人目を引く装いである。

写真C－74 薩摩川内市楠元町の田の神

58. いつまでも見飽きない不思議な格好

小林市堤松元の田の神

　小林市堤松元に、馬頭観音や六地蔵塔などの石仏と並んで祀られている。弘化3年（1846年）の作。像高76cm、幅60cm、奥行36cm、シキを被り、広袖上衣を一枚着て、前で帯を結んで垂らしている**農民型立像の田の神**（写真C－75）である。

　一部破損したメシゲを右肩頭後に振りあげて、左脇には桝を抱えている。腰から下はなにも身に着けていないようで、右向きに腰をかがめて走っているのか、踊っているようでもある。背面に「弘化三年丙午七月朔日　奉造立」と刻銘がある。

　郷土誌には「太ももをむき出しにして右足を踏み出した姿は、なんともエロチックな感じさえする」と紹介されている（つつのは郷土研究会『つつのは十二号』昭和59年）。以前は約50m西の田の脇の小高い場所にあったが、耕地整理で現在の場所に移設されている。

写真C－75 小林市堤松元の田の神

59. であいさあの田の神

東串良町池之原の田の神

　肝属郡東串良町池之原の林田用水路の堤に、耕地整理の記念碑などと並んで立っている。像高130cm、幅48cm、奥行48cmの**農民型立像の田の神**（写真C－76）。作成年代は不詳である。

　半球状のヘルメット様のシキを被り、右手にメシゲ、左手にスリコギを垂直に立てて持ち、裸足の野良着姿で米俵2俵の上に立つ。背にはワラヅトを背負っている。堂々たる風格であるが、目・鼻・口がセメントで補修されている。

　もとは池之原小学校の正門横にあったが、昭和22年頃に現在地に移されている。昭和30年頃に盗まれて行方不明になり、四方八方探したが見つからず、当時一万円の懸賞金をつけて探す話がもちあがった。ようやく志布志市有明町野井倉にあることが判明したが、昭和33年3月のある夜、五千円の謝礼をつけて現在地に返されてきたといわれている（東串良町教育委員会『東串良郷土誌』）。

写真C－76 東串良町池之原の田の神

60. オットラレ防止で大型化

　肝属郡東串良町川東永峯の道路沿い高台に祀られている。像高98cm、幅67cm、奥行35cmの**農民型椅像の田の神**（写真C‑77）である。明治31年（1898年）の作。

　水神祠の近くに、みるからにどっしりした大きな体格で立つ。笑ったような顔でシキを被り、右手にメシゲ、左手にスリコギを持ち、長袖和服に褌状の前掛を垂らして、右膝を少し立てている。赤く口紅が塗ってあり、褌状のものに「明治三十一年旧潤三月三日　東串良川東永峯中」と刻んである。

　以前、永峯の田の神は一度盗まれ帰ってこなかったので、旧高山町本城の人に頼んで、今度は盗まれないように大型のものを作った。当時は荷車もなく、集落の人総出で、一日がかりでかついできたとのことである（東串良町教育委員会『東串良町の文化財』）。

写真C−77 東串良町永峯の田の神

61. 移住集落の歴史が分かる
高原町出口の田の神

　西諸県郡高原町大字西麓村中出口の道路沿い、こんもりとした森の前に祀られている。像高70cm、幅38cm、奥行30cm、**農民型立像の田の神**（写真C－78）である。嘉永3年（1850年）の下川原開田の時に、造立されたと伝えられている。

　笠状のシキを被り、広袖上衣に裁着け袴をはき、両手で鍬を持つ。ワラヅトを背負っている。左足膝の部分をセメント付けされ、鍬の一部も欠けている。

　この像を見た時に、一瞬、鹿児島県にいるのかなと錯覚したことを覚えている。この鍬持ちの像は宮崎県では見ることができないからだ。悩んでいると、寺師三千夫先生が「鹿児島県の万之瀬川流域類型の田の神であろうと」と書かれた文献を見つけた。その中で「天保の頃に、昔の川辺郡や南薩地方から移住してきている集落があり、田の神を作る人も一緒に連れて来られ、田の神の型でその村の歴史が分かった」と述べられている（つつのは郷土研究会『つつのは十五号』昭和62年）。その集落の移住の歴史を示す貴重な石像である。

写真C－78 高原町出口の田の神

62. 何度も展示会に出品された家宝

えびの市大明司の田の神

えびの市大明司狩集家の庭先に、先祖代々から大切に祀られている。像高52cm、幅33cmの一風変わった**農民型立像の田の神**（写真C−79）である。

石像は円筒形でシキ様に笠冠を被り、羽織みたいな長袖和服に股引きをはいて細い両足がみえている。右手にメシゲ、左手にはコップ様の椀を持ち、背中全体に米俵が刻まれ、背負っているのであろうが背石の役目をしている。このような田の神石像は他に類をみない。親切なご主人の話では、大正2年（1913年）4月に、狩集八郎氏によって造立されており、今までに何回も東京の展示会に出品した当家自慢の田の神であるとのこと。今後も家宝として、きっと大切に祀られていくことであろう。

写真C−79 えびの市大明司の田の神

63. 毎年、色鮮やかに彩色される
財部町大川原の田の神

　曽於市財部町下財部大川原の地区公民館敷地に祀られている（写真C－80）。右横の「田の神」と書かれた大きな石も田の神とのこと。左側の鮮やかに彩色された**農民型立像の田の神**（写真C－81）は、安永9年（1780年）作、市の有形民俗文化財に指定されている。像高62cm、幅53cm、奥行30cm。

　笠状にシキを被り、広袖上衣に裁着け袴姿、右手にメシゲを立てて持ち、左手には飯盛り椀を持っている。彩色は毎年鮮やかに行われており、顔と胸元、手は白、上衣は青、襟元や帯は赤、髪や目および袴は黒で、シキはベンガラ色である。

　昭和47年度の財部町教育委員会の『財部郷土史』によると、台石の正面には「奉寄進」、向かって右側に「富山門杢右衛門、勘左衛門、勘四郎大□桐原伝□、石功（エ）奈良崎勘右衛門」、左側に「安永九子、九月吉日」と刻んである。

　また、その右横の大きな自然石は高さ135cm、幅70cmで、「田の神」と白文字で書かれ、その周囲を赤色で囲んである。

写真C－80 財部町大川原の田の神

写真C－81 財部町大川原の田の神

64. ほっそりした若い元禄風美人像
入来町副田下手の田の神

　薩摩川内市入来町副田下手の道路沿い高台に祀られた、元禄女風の立像丸彫りの**女性像の田の神**（写真Ｃ-82）である。像高83cm、幅40cm、奥行35cm。

　豊富な髪をたくわえ、肩まで頭巾を被り、元禄袖の着物を着流して、前裾がめくれ足が見える。右手に柄鏡様のメシゲを持ち、左手は指がわずかにみえている程度。髪の生え際が克明に描かれており、目鼻立ちがはっきりし、ほっそりした若い女子像である。

　台石に「大正十五年」と小さく刻んであるが、これは新しく作ったもので、石像はもっと古いものと考えられている。白質のやや粗い凝灰岩に彫られている。なお年代の判明している女性像は、天明4年（1784年）作の出水市武本平岩の田の神だけである。その平石の石像も宮之城方面からオットラレて来たのでないかといわれている。

写真Ｃ-82 入来町副田下手の田の神

65. 髷結って櫛をさした女性像

さつま町虎居大角の田の神

　薩摩郡さつま町虎居大角の水田道路沿いに祀られている。高さ130cm、幅70cmの大きな自然石に、像高75cm、幅36cmの女性が浮き彫りされた**女性像立像の田の神**（写真C－83）である。文化2年（1805年）の作。

　顔は風化が強く表情などは不明である。櫛をさした丸髷で、長い袖の上衣に襞のある袴をはき、右手に小さなメシゲを垂らして持ち、左手は指を丸めた格好である。全体的に像に膨らみがなく、人形みたいに刻まれている。

　向かって左枠面に「文化二年丑正月六日　小□作」と刻銘がある。一般的にこれらの女性像は、道祖神的男女並立型から分出したものといわれている。顔と衣の一部はベンガラ色で彩色した跡がある。

写真C－83 さつま町虎居大角の田の神

66. 丸髷で和服姿の立派な石像

さつま町求名下狩宿の田の神

　薩摩郡さつま町求名下狩宿の神社境内に祀られている。作成年代は不詳の**女性像立像の田の神**（写真C−84）である。高さ125cm、横52cmの大きな自然石に、像高83cm、幅29cmの女性像が浮き彫りされている。

　丸髷を結い、長袖羽織と袴姿、右手にメシゲを持つが左手は欠損している。髪は黒色で赤茶色の簪をつけている。羽織と袴は赤茶色に彩色されている。結構大きな石像で、何度も振り返ってみたくなるような立派な田の神である。

　これら女性像の田の神は12体ほどあり、その半数が長衣を着てその下裾がめくれ、帯紐も同じ型で、女性らしい顔立ちである。すべての女性像が、薩摩郡や薩摩川内市（東郷町など）に存在している。

写真C−84 さつま町求名下狩宿の田の神

67. 愛らしい夫婦像

えびの市八幡の田の神

　えびの市東原田八幡の八幡墓地の隅に夫婦の田の神として祀られている（写真C−85）。左の男神（写真C−86）は像高52cm、幅55cm、右の女神（写真C−87）は像高46cm、幅35cm。2体とも**農民型立像の田の神**である。男神は弘化4年（1847年）作で、女神は江戸末期の作風である（2体とも元は別々のもの）。水田を見渡すように2体並んで、竹製の祠に収めてある。共に安山岩質の黒い石が用いられている。

　左の男神は、シキを被り、頭陀袋を下げ、袂のある上衣に襞のある長袴姿で、前を紐で結んでいる。笑いの顔で右手にメシゲ、左手にはおにぎりか宝珠様のものを持ち立っている。背には非常に大きな米俵2俵があるが、とても背負っているとは思えないサイズである。俵の上左隅に「弘化四年」と刻銘がある。

　右の女神は、シキを被り、広袖上衣に長袴姿で、前を紐で結んでいる。右手にメシゲ、左手に椀を持って立っている。背に負いものなどはない。笑みを浮かべて、口紅と頬紅が施されている。

写真C−85 えびの市八幡の田の神

写真C−86 えびの市八幡の田の神・左男神

写真C−87 えびの市八幡の田の神・右女神

68. 仲睦まじいアベック

えびの市原田麓の田の神

　えびの市大字原田麓の人家横の木立のなか、トタンで囲まれた祠に2体並んで祀られている**夫婦像の田の神**（写真C–88）である。

　向かって左側の女性像は、像高63cm、幅が39cm。シキを被り、長袖和服を着て前を紐で結び、右手にメシゲ、左手に椀を持っている。江戸末期の作といわれており、メシゲと顔は白色、椀と帯は青色、シキは黄色に黒の線、そして服は赤色と、あざやかに彩色されている。

　右の男性像は、像高55cm、幅が35cm。大きなシキを被り、長袖和服に袴姿、右手にメシゲ、左手に飯盛り椀を持っている。明治中期の作で、メシゲは黄色、椀と着物は青色、シキと口は赤色、顔と足は肌色に彩色されている。

　以前は別々の場所にあったものを、明治中期に女性像だけでは寂しかろうと黒木金吉氏が男性像を寄贈されて、今の格好になったといわれている。地区の人々は夫婦像として認めているとか。何とも人情味があふれる2体の田の神である。

写真C–88 えびの市原田麓の田の神

69. 化粧とちゃんちゃんこ、最高の待遇
山田町古江の田の神

　都城市山田町中霧島古江の山裾高台に祀られている。像高94cm、幅50cm、奥行33cmの神像型と農民型の混合型立像の田の神（写真C−89）である。嘉永7年（1854年）の作。

　羽織袴姿で両手は輪組をして、頭髪は一瞬侍の丁髷（ちょんまげ）を思わせるような独特の髪型で、首から下は背石型になっている（写真C−90）。この髪型は、農民型のシキが変化したものと考えられており、口は紅がつけられて目は黒く塗られている。

　他の石像などと一緒に祀られているが、話によると7月25日の六月燈のお祭りで、地区をあげてお祝いをして、婦人会の人たちが顔に化粧をして、白いちゃんちゃんこを着せてあげるという。この上ない最高の待遇を受けている田の神であるが、この田の神も盗まれており、昭和41年に戻ってきたという。その時に首が折れたのかセメント付けされている。

写真C−89 山田町古江の田の神

写真C−90 山田町古江の田の神

70. 唯一鎧兜の四天王像と思われる

樋脇町塔の原本庵の田の神

　薩摩川内市樋脇町塔之原本庵の玉淵寺跡地に祀られている。像高74cm、幅42cm、奥行25cmの**鎧兜四天王立像と思われる田の神**（写真C-91）である。

　頭にはすっぽりと兜を被り、体には鎧をつけて、右手に錫杖、左手には長い棒様のものを持って立っている。一之宮神社入口に造立されていたが、昭和57年にこの位置に移設された。正徳4年（1714年）作とされている。

　邪鬼などを踏みつけたりはしていないが、持ち物などを考えると武士像というより四天王像と考えたほうがよいのではないかと思われる。このような鎧兜姿の田の神は類がない。年代からしてもかなり古く、新燃岳の大噴火やさつま町の山伏による田の神造立の二つの田の神造立ルーツ以外にも、別の新しい田の神造立のルーツがあったのかも知れない。本当に興味深い田の神石像である。今後、詳細に検討していきたい。

写真C-91 樋脇町塔の原本庵の田の神

補章

平成30年4月出版の『田の神石像全記録—南九州の民間信仰』で、2064体の田の神石像を紹介している。その後に新たに石像を探索できたもの、前回は資料などから引用しデータのみを記したもののうち新たに実際に調査・撮影できたもの、新たに資料が確認できたものを紹介する。

　その内訳を以下に記載する。資料などで確認したものは、前著と同様にB−で示した。
　宮崎県高岡町が1体、出水市、薩摩川内市祁答院町、薩摩川内市東郷町、南さつま市金峰町がそれぞれ資料からの1体ずつ（B−で記載）、指宿市7体、鹿児島市が10体（1体がB−）、霧島市霧島が2体、姶良市蒲生町が2体（1体はB−）、姶良郡湧水町1体（B−）、曽於郡大崎町7体（うち1体はB−）、肝属郡肝付町3体、肝属郡錦江町2体、志布志市36体（内26体はB−）、鹿屋市が2体（2体ともB−）、鹿屋市吾平町1体の78体である。その中で鹿児島市4体と霧島市霧島の2体は、前著『田の神石像全記録—南九州の民間信仰』において、資料などから引用のB−で既に紹介している。結局今回72体追加することになる。
　鹿児島・宮崎の田の神石像が、総計で2136体確認できているが、詳細については次の機会に紹介したい。

1. 宮崎市高岡町の田の神石像

番号 撮影日	住所 置場所	製作年月日	像型・形態	サイズcm	持ち物	彩色	祠	その他
No. 1 平成29年10月08日	宮崎市高岡町浦之名 道路沿い高台	不詳	神像型座像 座位	73 × 76 × 43	纓の着いた冠を被り衣冠束帯で両手輪組で穴あり	なし	⊠有 □無 単体彫り 神像型座像	顔は摩耗し、両袖は跳ねて石祠の中に祀られている

2. 出水市の田の神石像

番号 撮影日	住所 置場所	製作年月日	像型・形態	サイズcm	持ち物	彩色	祠	その他
No. B-1	出水市武本平岩	天明4年(1784年)	女性像 椅像	64 × 26 ×	シキ被り元禄袖長衣で右手大きなメシゲ鏡様に持つ	彩色化粧あり。左手は僅かに覗かせる	□有 ⊠無 単体彫り 女性像椅像	頭巾風にワラの目付いたシキに髪生え隙克明

3. 薩摩川内市東郷町の田の神石像

番号 撮影日	住所 置場所	製作年月日	像型・形態	サイズcm	持ち物	彩色	祠	その他
No. B-1	薩摩川内市東郷町山田下 個人宅	年代不詳	女性像 立位	38 × ×	シキはなく髷を結い着衣は単調で右手にメシゲ持つ	絵具で彩色	□有 ⊠無 単体彫り 女性像立像	顔立ちは庶民的な若い女の可憐なもの

4. 薩摩川内市祁答院町の田の神石像

番号 撮影日	住所 置場所	製作年月日	像型・形態	サイズcm	持ち物	彩色	祠	その他
No. B－1	薩摩川内市祁答院町上手滝園	年代不詳	女性像 座像	57 × ×	笠の下髷結った髪に櫛さし長袖上衣に袴右手大メシゲ	不明	□有 ⊠無 単体彫り 女性像座像	右手に持つ大きなメシゲは不自然に曲がら左膝を覆う

5. 南さつま市金峰町の田の神石像

番号 撮影日	住所 置場所	製作年月日	像型・形態	サイズcm	持ち物	彩色	祠	その他
No. B−1	南さつま市金峰町池辺 中	文化2年(1805年)	僧型立像鍬・メシゲ持ち 立位	63 × ×	キャップ状のシキ被り長袖長衣で右手鍬左手メシゲ	彩色なし。前の田の神が失われ再建立される	□有 ⊠無 単体彫り 僧型立像 鍬・メシゲ	鍬とメシゲを持ち背にワラツトを背負う

6. 指宿市の田の神石像

番号 撮影日	住所 置場所	製作年月日	像型・形態	サイズcm	持ち物	彩色	祠	その他
No. 1 平成29年10月01日	指宿市池田 大迫 道路沿い藪の中	不詳	神職型 立位	90 × 52 × 52	シキ被り長袖上衣長袴両手膝上背にメシゲとワラツト背負う	凝灰質の安山岩で明るい黄色	□有 ⊠無 単体彫り 神職型立像	非常に分かりにくい元水田の藪の中
No. 2 平成29年10月01日	指宿市池田堀切園(ほりきりその) 道路沿い畑	不詳	神職型 立位	72 × 36 × 44	シキ被り長袖上衣に裁着け袴で持ち物不明で背にワラツト背負う	彩色なし	□有 ⊠無 単体彫り 神職型立像	路が狭くようやく見つけた
No. 3 平成29年10月01日	指宿市池田下門(しもかど) 管理施設敷地	不詳	不明 立位	56 × 32 × 26	シキ被り顔破損広袖上衣長袴左手棒状の物ワラツト背負う	彩色なし	□有 ⊠無 浮き彫り 不明	多くの石造物が並んで祀られている
No. 4 平成29年10月01日	指宿市十町二月田(にがつでん) 道路沿い人家庭	元文5年(1740年)	神職型 立位	62 × 23 × 30	シキ被り布衣に広袖上衣に裁着け袴で両手欠け持ち物は不明	凝灰質の安山岩で明るい黄色	□有 ⊠無 単体彫り 神職型立像	これは指宿市では最も古いとされている
No. 5 平成29年10月01日	指宿市東方 指宿神社 高台の藪の中	不詳	神職型 立位	× ×	シキ被り襷がけ短袖の上衣に裁着け袴姿で持ち物不明	凝灰質の安山岩で明るい黄色	□有 ⊠無 単体彫り 神職型立像	ちょうどNo11の裏側の高台の藪の中
No. 6 平成29年10月01日	指宿市西方二月田 大坪尻(右) 道路沿い人家庭	不詳	神職型 立位	64 × 35 × 26	背石からシキ被り短袖上衣に裁着袴姿で右手に丸い物で左は不明	凝灰質の安山岩で明るい黄色	□有 ⊠無 単体彫り 不明	水神様とNo21と並んで祀られている
No. 7 平成29年10月01日	指宿市西方二月田 大坪尻(左) 道路沿い敷地	不詳	不明	35 × 34 × 25	下半身のみ残っており裁着け袴らしき物あり	凝灰質の安山岩で明るい黄色	□有 ⊠無 単体彫り 不明	

7. 鹿児島市の田の神石像

番 号 撮影日	住 所 置場所	製作年月日	像型・形態	サイズcm	持ち物	彩色	祠	その他
No. 1 平成29年09月24日	鹿児島市郡山町 有屋田、山下家 道路沿い水田	昭和7年(1932年)	田の神舞神職型 橋像	75 × 40 × 40	シキ被り野良着に裸足で右手鈴左手輪握りで膝の上	彩色なし (石工笹山末吉作)	□有 ☒無 田の神舞神職型	シキは編目がはっきり細長顔の額を前で左足前に出す
No. 2 平成29年07月29日	鹿児島市上谷口町松元下 水田道路沿い	明和8年(1771年)	自然石文字彫 B-13	55 × 38 × 38	自然石の表面に円を彫りその中に田之神と彫ってある	彩色なし (分厚い雲竜紋台座には元文5年と)	□有 ☒無 自然石文字彫	円の下左右に明和八年二月吉日、中央に講人数数人中
No. 3 平成29年07月29日	鹿児島市上谷口町内田下 住宅地道路沿い	天保5年(1834年)	自然石浮き彫り B-12 顔は20×16cm	63 × 36 × 33	自然石に顔だけ彫った田の神	凝灰岩で彩色なし	□有 ☒無 自然石浮き彫り	天保五年と刻銘があり単純な顔が興味深い
No. 4 平成29年07月29日	鹿児島市上谷口町内田善福 山奥の山の裾	不詳	三角柱浮き彫り型	40 × 28 × 18	顔の輪郭だけ浮き彫りにし目、鼻、口は線彫り	顔の部分が白色残るが、上部が欠け被り物不明	□有 ☒無 自然石浮き彫り	台座には前面に雲竜紋が彫ってあり改作かも、知れない
No. 5 平成29年07月29日	鹿児島市四元町水の手 道路沿い崖下	不詳	僧型立像 立位	75 × 38 × 25	肩まで被る大きなシキ被り上衣と長袴で右手にメシゲ	彩色ないが赤みがかった凝灰岩	□有 ☒無 単体彫り 僧型立像	左手の持ち物は欠けて不明で背にワラジを背負う
No. 6 平成29年09月24日	鹿児島市直木町牟田 水田道路沿い	宝暦3年(1753年)	僧型立像 立位	55 × 28 × 22	大きなシキ被り長袖上衣と長袴で右手メシゲ左手椀	彩色ないが赤みがかった凝灰岩	□有 ☒無 単体彫り 僧型立像	穏やかな表情でメシゲは立て大きな椀を持って托鉢姿
No. 7 平成29年07月29日	鹿児島市直木町山方 水田空き地	寛政4年(1792年)	僧型立像浮き彫り型 立位 58×38cm	77 × 58 × 27	シキ被り長袖上衣と裁着け袴で右手メシゲ左手椀	彩色ないが赤みがかった凝灰岩	□有 ☒無 浮き彫り 僧型立像	シキは肩までで大きく、両足は開いて不自然すんぐり形
No. 8 平成28年04月03日	鹿児島市入佐町巣山谷 山奥の高台	享保12年(1727年)	僧型立像 立位 県有形民俗文化財	96 × 40 × 33	笠のシキ被り長衣で肩から被い右手メシゲを立てる	彩色なし	□有 ☒無 単体彫り 僧型立像	長衣の前面襞多く左手には下部は棒状のものを持つ
No. 9 平成29年09月24日	鹿児島市下田町291-1 南方新社玄関前	平成元年(1989年)頃	僧型立像鍬持ち型 立位	115 × 35 × 40	肩迄シキ被り長衣着衣長い柄の鍬杖代わりに持つ	木製で彩色なし(黒田清輝の縁者作成)	□有 ☒無 僧型立像 鍬持ち形	生命の祭り実行委員が毎年の持回り
No. B-1	鹿児島市入佐町大下 水田	年代不詳	僧型(仏像型) 立位 像のみの高さ	72 × ×	長い頭巾被り長袖上衣と裳状袴で両手で大きなメシゲ	彩色不明	□有 ☒無 浮き彫り 僧型立像 メシゲ持	肩にはケープ様のもの掛けて大きなメシゲ掲げて持つ

8. 霧島市霧島の田の神石像

番号 撮影日	住所 置場所	製作年月日	像型・形態	サイズcm	持ち物	彩色	祠	その他
No. 1 平成29年10月15日	霧島市霧島田口 狭名田 長田 公園敷地	天保14年(1843年)に島津斉興の頃建立	自然石絵文字彫 B−1	65 × 35 ×30	しめ縄が掛けてある	着色ないが安山岩で作成	□有 ⊠無 自然石絵文字彫	狭名田の長田の日本最古の水田後に石碑などと並ぶ
No. 2 平成29年10月15日	霧島市霧島田口 野上 道路沿い敷地	明治27年(1894年)	自然石文字彫 B−2	95 × 34 ×28	なし	なし	□有 ⊠無 自然石文字彫	神話の里から南に下った所

9. 姶良市蒲生町の田の神石像

番号 撮影日	住所 置場所	製作年月日	像型・形態	サイズcm	持ち物	彩色	祠	その他
No. 1 平成30年06月18日	姶良市蒲生町漆旭日地区 宮原家持回り	不詳	田の神舞神職型 楕像	26 × 18 ×17 祠は27×24cm	シキを被り広袖上衣に裁着け袴姿で右手メシゲ左手椀	顔は女性ぼく白く化粧し衣は濃い青色で赤い紐	⊠有 □無 田の神舞神職型楕像	木箱の祠で、両足の指がみえており大きな石に腰かける
No. B−1	姶良市蒲生町米丸 中村 前村家の庭隅	安永8年(1779年)	田の神舞神職型 立位	72 × 30 ×	シキを被り長袖上衣に長袴で右手メシゲ左手は不明	彩色不明。シキは大きく分厚い	□有 □無 単体彫り 田の神舞神職型	左手の持ち物は中央に柄、その先括ったもの下がる

10. 姶良郡湧水町の田の神石像

番号 撮影日	住所 置場所	製作年月日	像型・形態	サイズcm	持ち物	彩色	祠	その他
No. B−1	姶良郡湧水町栗野木場籠	年代不詳	神像型立像	61 × ×	纓のある冠被り束帯風の着衣で両手は前で組み孔あり	彩色不明	□有 ⊠無 単体彫り 神像型立像	吊り上った目、締まった口元、長い頸鬚で厳しい顔つき

11. 曽於郡大崎町の田の神石像

番 号 撮影日	住 所 置場所	製作年月日	像型・形態	サイズcm	持ち物	彩色	祠	その他
No. 1 平成29年08月13日	曽於郡大崎町横瀬大丸 道路沿い角地	不詳	神職型 座位	50 × 45 × 38	シキ被り広袖上衣袴姿で右手にメシゲ左手スリコギ	彩色なし	□有 ⊠無 単体彫り 神職型座位大隅型	シキは頭巾風に被る
No. 2 平成29年08月13日	曽於郡大崎町神領堂地(どうじ) 公民館横敷地	不詳	旅僧型 立位	58 × 40 × 25	シキ被り長袖上衣に裁着け袴右手メシゲ左手スリコギ	彩色なし	□有 ⊠無 単体彫り 旅僧型	頭陀袋下げる
No. 3 平成29年08月13日	曽於郡大崎町井俣小能(このう) 公民館敷地	不詳	神職型 座位	75 × 38 × 26	シキ被り長袖上衣長袴姿で右手にメシゲ左手スリコギ	彩色なし	□有 ⊠無 単体彫り 神職型座位大隅型	スリコギは膝上に置く
No. 4 平成29年08月13日	曽於郡大崎町井俣小能 水田	不詳	神職型 上半身のみ	53 × 30 × 26	シキ被り長袖上衣で右手スリコギ左手にメシゲ持つ	顔が白く塗られている	□有 ⊠無 単体彫り 神職型座位大隅型	
No. 5 平成29年08月13日	曽於郡大崎町持留 川沿い堤防	不詳	不明 立位	62 × 45 × 40	シキ被り総髪で長袖上衣長袴姿で右手メシゲ左手不明	彩色なし	□有 ⊠無 単体彫り 不明	シキは三角形をしており、河川改修記念で作成
No. 6 平成29年08月13日	曽於郡大崎町持留 郵便局横敷地	不詳	神職型 座位	60 × 35 × 20	シキ被り長袖上衣長袴姿で右手スリコギ左手メシゲ	彩色なし	□有 ⊠無 単体彫り 神職型座位大隅型	メシゲは横にして持つ
No. B-1	曽於郡大崎町永吉椿谷 個人宅	年代不詳	田の神舞神職型 立位	52 × ×	シキ被り襷がけで袖括り上げ右手スリコギ左手メシゲ	彩色不明。着衣の胸はだけて肋骨があらわに	□有 ⊠無 単体彫り 田の神舞神職型	シキは大きく背後に長く垂らし口や頬をゆがめ複雑な笑い

12. 肝属郡肝付町の田の神石像

番 号 撮影日	住 所 置場所	製作年月日	像型・形態	サイズcm	持ち物	彩色	祠	その他
No. 1 平成29年08月20日	肝属郡肝付町新富 水田道路沿い	不詳	旅僧型 立位	43 × 24 × 18	シキ被り広袖上衣裁着け袴で右手スリコギ左手メシゲ持つ	彩色なし	□有 ⊠無 単体彫り 旅僧型大隅型	現在は、破損した顔面は新しく作りなおされている
No. 2 平成29年08月20日	肝属郡肝付町新富 池之園 神社境内	不詳	農民型 立位	78 × 30 × 20	シキを被り長袖上衣に裁着け袴で右手にメシゲ持つ	顔と上衣は一部白色	□有 ⊠無 単体彫り 農民型立像	右手の持ち物は先が尖りメシゲ 顔は笑っている
No. 3 平成29年08月20日	肝属郡肝付町新富 神社境内	不詳	旅僧型 立位	90 × 43 × 32	点刻シキ被り広袖上衣に裁着け袴で右手スリコギ左手メシゲ	彩色なし	□有 ⊠無 単体彫り 旅僧型大隅型	総髪で持ち物は直角に持ち宝珠印の頭陀袋下げる

13. 肝属郡錦江町の田の神石像

番号 撮影日	住所 置場所	製作年月日	像型・形態	サイズcm	持ち物	彩色	祠	その他
No. 1 平成29年07月30日	肝属郡錦江町 馬場 笹原 運動場敷地	昭和3年(1928年)	神職型 立位	83 × 40 × 44	瓶のシキ被り広袖上衣袴姿で右手スリコギ左手メシゲ	彩色なし	□有 ■無 単体彫り 神職型立像	両足は裸足で立っている
No. 2 平成29年07月30日	錦江町馬場城元 (しろもと) 水田道路沿い	不詳	神職型 椅像	63 × 50 × 55	瓶のシキを被り広袖上衣に裁着け袴で持ち物は不明	彩色なし	□有 ■無 単体彫り 神職型立像	ふっくらとした頬で微笑んでいる

14. 志布志市の田の神石像

番号 撮影日	住所 置場所	製作年月日	像型・形態	サイズcm	持ち物	彩色	祠	その他
No. 1 平成29年08月13日	志布志市志布志町安楽中島① 山丘中腹	安永年間(1772〜1780年)	田の神舞神職型 立位 市指定文化財	58 × 40 × 38	シキ笠被り袍と括り袴で右膝に右手のメシゲ当て左手欠損	背に袴の腰板あり、ベンガラ色と緑の痕跡あり	□有 ■無 単体彫り 田の神舞神職	以前持ち回りで大正初期に現在地で、愉快に笑った表情
No. 2 平成29年08月13日	志布志市志布志町安楽中島② 山丘中腹	文政10年(1827年)	神職型座像、跌座像 座位 市指定文化財	70 × 40 × 30	頭巾を被り直衣様の上衣を着て右手メシゲ左手スリコギ	軟質の石使いベンガラ色と緑の痕跡あり	□有 ■無 単体彫り 神職型座像、跌座	持ち物は垂直で柔和な顔で跌座している。以前、持ち回り
No. 3 平成29年08月13日	志布志市有明町蓬原馬場 人家近くの敷地	不詳	神職型座像 座位	52 × 30 × 25	シキ被り長袖上衣長袴姿右手にメシゲ左手スリギ	彩色なし	□有 ■無 単体彫り 神職型座像	小学校近くから移設。大きなシキで右膝を立てる
No. 4 平成29年08月13日	志布志市有明町蓬原立合家 人家の畑	不詳	不明 立位	80 × 70 × 20	大きな自然石に女性と思われるような像が浮き彫りに	彩色なし	□有 ■無 浮き彫り 不明	風変わりな女性像にも見えるが田の神とのこと
No. 5 平成29年08月13日	志布志市志布志町夏井 道路沿い	文久2年(1862年)	神職型座像 座位	78 × 80 × 20	頭巾被り長袖和服と袴姿で右手メシゲ左手スリコギ立てて持つ	メシゲやスリコギにベンガラ色僅かに残る	□有 ■無 単体彫り 神職型座像大隅型	胡坐はかいていなくて座位で石工喜三右衛門の刻銘あり
No. 6 平成29年08月13日	志布志市松山町新橋豊留下 人家の庭の一角	安永6年(1777年)	田の神舞神職型 市指定文化財	68 × 42 × 25	シキ被り水干風上衣と裁着け袴で右手メシゲ左手椀	顔と着衣は赤のベンガラ色が残る	□有 ■無 単体彫り 神職型立像	シキは背に広く垂れており大隅半島の特徴で顔は笑顔
No. 7 平成30年08月19日	志布志市松山町新橋大谷 水田高台	宝暦2年(1752年)	仁王像	75 × 30 × 20		彩色なし	□有 ■無 浮き彫り 仁王像立像	庚申塔みたいだが、IN情報では田の神
No. 8 平成30年09月09日	志布志市有明町仮屋 神社境内		神職型座像輪王座	52 × 50 × 30	シキ被り布衣に袴姿で右手メシゲ左手スリコギ逆八字	地衣かも知れないが顔やメシゲ一部白く見える	□有 ■無 単体彫り 神職型座像輪王座	背には袴の腰板刻む
No. 9 平成30年09月09日	志布志市安楽中宮 個人宅地	延享元年(1744年)	神職型座像輪王座 座位	75 × 50 × 40	シキ被り布衣袴姿で右手メシゲ左手スリコギ逆八字	彩色なし	□有 ■無 単体彫り 神職型座像輪王座	シキは帽子状に深く被る。右工大慈寺門前弥三左衛門
No. 10 平成30年09月09日	志布志市志布志町田之浦 道路沿い高台	文化6年(1809年)	神職型座像 座位	47 × 38 × 20	シキ被り布衣袴姿で右手メシゲ左手スリコギ立てる	ベンガラ色残る	□有 ■無 単体彫り 神職型座像	表情が柔和で仏像みたいで昭和初期に他部落から盗む

No.	所在地	年代	型像・姿勢	法量	特徴	化粧	彫り・型	備考
No. B-1	志布志市志布志町安楽 中宮／個人宅屋敷内	天保7年(1836年)	神職型座像／座位	75 × 60 ×	頭巾風笠被り狩衣と括り袴で右手メシゲ左手スリコギ	持ち物や体部の一部はベンガラ色残る	有 ☒無／単体彫り／神職型座像	石質は灰岩で柔らかく持ち物は垂直で胸に着けて持つ
No. B-2	志布志市志布志町田之浦田吹野／個人宅屋敷内	大正初期に末吉高岡から譲りうける	神職型座像／座位	65 × 40 ×	シキ被り襞の多い衣と袴姿で右手メシゲ左手スリコギ	不明	☐有 ☒無／単体彫り／神職型像	石質は柔らかいが影が抽出で、持ち物は垂直である
No. B-3	志布志市志布志町安楽中宮宮園／個人宅内	不詳	神職型座像／座位	32 × 17 ×	鉢状被り狩衣にくくり袴で右手メシゲ左手スリコギ	カタクリや口紅で化粧	☐有 ☒無／単体彫り／神職型座像	持ち回り田の神で銭袋を作り集まったお金を首にかける
No. B-4	志布志市志布志町安楽中宮馬場園／個人宅内	不詳	農民型座像／座位	45 × 26 ×	シキ被り袖無上衣と袴姿右手メシゲ左手スリコギ	カタクリや口紅で化粧	☐有 ☒無／単体彫り／農民型座像	持ち回り田の神で持ち物は逆ハ字で蓮華台の台座に座る
No. B-5	志布志市志布志町安楽中宮馬場園／個人宅内	明治以前からあったとか	神職型座像／座位	58 × 32 ×	頭巾風笠被り狩衣と括り袴で右手メシゲ左手スリコギ	カタクリや口紅で化粧	☐有 ☒無／単体彫り／神職型座像	持ち回りで硬質なので持ち物は垂直で大きな目・鼻あり
No. B-6	志布志市志布志町安楽中宮中園①／個人宅内	三代引き継いだもの	神職型座像／座位	33 × 23 ×	頭巾風笠被り単と括り袴で右手メシゲ左手スリコギ	不明	☐有 ☒無／単体彫り／神職型座像	持ち物は垂直で持回りでこれが小さすぎるのでB-7を作成
No. B-7	志布志市志布志町安楽中宮中園②／個人宅内	不詳	僧型座像／座位	50 × 27 ×	菅傘被り布衣を着けて右手にスリコギ左手にメシゲ	不明	☐有 ☒無／単体彫り／僧型座像	持回りで錫杖や宝珠を持つ仏像の流れをくむ旅僧型か
No. B-8	志布志市志布志町安楽稚児松／個人宅内	不詳(明治以降と思われる)	僧型座像／座位	33 × 17 ×	シキの笠被り長い法衣着て右手メシゲ左手印子	顔白く口紅さし胸から腹は桃色で衣装は緑で飾る	☐有 ☒無／単体彫り／僧型座像	持回りで旅僧型の流れを汲んで女性的な顔の表情か
No. B-9	志布志市志布志町安楽下横手／個人宅内	不詳	神職型座像／座位	× ×	シキの笠被り狩衣を着て右手メシゲ左手スリコギ垂直	不明	☐有 ☒無／単体彫り／神職型座像	円は同心円状に編目が刻んでありUもゆがめた表情
No. B-10	志布志市志布志町安楽安良水神松／用水路脇	明治36年(1903年)	神職型座像、跌座	40 × 33 ×	笠を頭巾風に被り右手メシゲ左手スリコギを垂直に	不明	☐有 ☒無／単体彫り／神職型座像、跌座	善五安方開の講中に建てられたもの
No. B-11	志布志市志布志市安楽安良宮脇①／水路上高台	天保10年(1839年)	神職型座像／座位	× ×	シキを笠頭巾風被り右手メシゲ左手スリコギ垂直に	不明	☐有 ☒無／単体彫り／神職型座像	安良の竹之内栄竜氏の物を昭和32年頃現在地移設放置
No. B-12	志布志市志布志町安楽安良宮脇②／用水路藪の中	不詳	農民型座像／座位	× ×	鍋蓋状シキ被り袖無上衣と野袴姿で右手メシゲ左手	不明	☐有 ☒無／単体彫り／農民型座像	持回りであったが講がなくなり戦後に現在地に全く放置
No. B-13	志布志市志布志一丁田／海沿いの水田	昭和6年(1931年)	神職型座像／座位	80 × 40 ×	シキを被り右手メシゲ左手スリコギを垂直に持つ	不明	☐有 ☒無／単体彫り／神職型座像	水神を思わせる水田購入の記念祠と並立している
No. B-14	志布志市志布志町安楽平城／高台農道脇	元治2年(1865年)	神職型座像／座位	40 × 32 ×	シキ被り袍と括り袴姿で右手メシゲ左手スリコギ垂直	不明	☐有 ☒無／単体彫り／神職型座像	元は持回り現在はコンクリートの台座に塗り固められる
No. B-15	志布志市志布志町安楽平床①／個人宅内	文政4年(1821年)	神職型座像／座位	68 × 24 ×	シキ被り袍と括り袴で右手メシゲ左手スリコギ垂直に	不明	☐有 ☒無／単体彫り／神職型座像	元は重いながら回りで昭和初期に部落分割で個人所有

番号 撮影日	住 所 置場所	製作年月日	像型・形態	サイズcm	持ち物	彩色	祠	その他
No. B-16	志布志市志布志町安楽平床②	昭和3～4年間(1928～1929年)	神職型座像 座位	43 × 14 ×	頭巾風にシキ被り長衣で右手メシゲ左手スリコギ垂直	不明(迫田伊早次作)	□有 ☒無 単体彫り 神職型座像	前は持回りで現在は公民館内平床①の代わりに作成
	平床公民館							
No. B-17	志布志市志布志町安楽平床③	昭和4～5年間(1929～1930年)	神職型座像 座位	× ×	シキの笠被り狩衣袴で右手メシゲ左手スリコギを逆八字	不明(迫田伊早次作)	□有 ☒無 単体彫り 神職型座像	前は持回りで現在は公民館内平床①の代わりに作成
	平床公民館							
No. B-18	志布志市志布志町田之浦山久保	宝暦3年(1753年)	旅僧型立像 立位	× ×	シキ笠被り法衣で右手大きなメシゲで左手は椀？	不明	□有 ☒無 単体彫り 旅僧型立像	柔和な顔、持ち物や被り物脚から足の指まで繊細
	個人宅内							
No. B-19	志布志市平山	不詳	神職型座像 座位	64 × 34 ×	シキ笠被り袍と袴姿で右手メシゲ左手スリコギ垂直に	不明	□有 ☒無 単体彫り 神職型座像	顎・手・持ち物の一部が欠けるが右脚立て膝にする
	屋敷山、築地山							
No. B-20	志布志市大迫	不明だが明治末から存在	田の神舞神職 立位	45 × 12 ×	シキの笠被り単袴に襷がけで大メシゲ両手で持つ	不明	□有 ☒無 単体彫り 田の神舞神職	愉快に踊る田の神舞姿で石質は硬く黒光りしている
	個人宅内							
No. B-21	志布志市志布志町安楽上宮内	明治32年(1899年)	神職型座像 座位	56 × 23 ×	シキの笠被り羽織袴で右手メシゲ左手スリコギ垂直に	不明	□有 ☒無 単体彫り 神職型座像	石は柔らかい夏井石で浅い影で力強さがない
	持回り							
No. B-22	志布志市志布志町安楽上宮内	明治初期では	神職型座像 座位	33 × 21 ×	大きなシキの笠被り単・野袴右手メシゲ左手スリコギ	不明	□有 ☒無 単体彫り 神職型座像	作りがまずく軟質の石で作られている
	持回り							
No. B-23	志布志市道重	江戸期のものと推定	神職型座像 座位	90 × 45 ×	シキの笠被り袍と袴右手メシゲ左手スリコギ垂直	不明	□有 ☒無 単体彫り 神職型座像	以前は道上岩右に門宅にあるもオットレレの噂で現在地
	水神碑山之下							
No. B-24	志布志市柳井谷	文久3年(1863年)	神職型座像 座位	78 × 47 ×	頭巾風シキ被り狩衣袴で右手メシゲ左手スリコギ垂直	不明	□有 ☒無 単体彫り 神職型座像	顔面は柔和であるが首はセメント付け元は後方の山に
	公民館脇							
No. B-25	志布志市田床	文久2年(1862年)	神職型座像 座位	60 × 33 ×	頭巾風シキ被り狩衣袴姿右手メシゲ左手スリコギ垂直	不明	□有 ☒無 単体彫り 神職型座像	夏井石を使用し柳井谷の像と似るが盗んできたものではない
	水田巨石の上							
No. B-26	志布志市福島渡	嘉永5年(1852年)	僧型座像 座位	64 × 22 ×	舟形地蔵の形で右手メシゲ左手スリコギの僧浮き彫り	不明	□有 ☒無 浮き彫り 僧型座像	盗まれかかったが重くて藪に投げ捨ててあったこともある
	水田の土手							

15. 鹿屋市の田の神石像

番 号 撮影日	住 所 置場所	製作年月日	像型・形態	サイズcm	持ち物	彩色	祠	その他
No. B-1	鹿屋市上野町芝原	享和年間(1801～1804年)の作か	旅僧型、大隅型 立位	68 × ×	シキ被り広袖上衣裾着け袴で右手スリコギ左手メシゲ	彩色不明	□有 ☒無 単体彫り 大隅型旅僧型	総髪でシキは背に垂らし頭陰袋下げて持ち物は垂直に
	水田用水路近辺							
No. B-2	鹿屋市下高隅町谷田	年代不詳	神舞神職型 立位	78 × 50 ×	鳥帽子被り大の袂上衣と襞多い長袴右手鈴左手不明	彩色不明	□有 ☒無 単体彫り 神舞神職型	瓢箪風に下膨顔で小さい目・鼻の表情残る
	丘の中腹							

16. 鹿屋市吾平町の田の神石像

番　号 撮影日	住　所 置場所	製作年月日	像型・形態	サイズcm	持ち物	彩色	祠	その他
No.　1 平成29年08月20日	鹿屋市吾平町 上名 門前 道路沿い高台	明治12年(1879年)	旅僧型 立位	81 × 35 × 35	点刻シキ被り広 袖上衣に裁着け 袴で右手スリコ ギ左手メシゲ	朱色が一部 に残る	□有 ⊠無 単体彫り 旅僧型大 隅型	総髪で持ち物 は直角に持ち 宝珠印の頭陀 袋下げる

参考文献

小野重朗『田の神サア百体』西日本新聞社、昭和55年

寺師三千夫『薩摩のタノカンサー』鹿児島文化放送研究会、昭和42年

鶴添泰蔵『田の神まつり』図書刊行会、昭和52年

青山幹夫『宮崎の田の神像』鉱脈社、平成9年

霧島市教育委員会編『シリーズ霧島を知る、霧島市の田のかんさあ』平成22年

伊佐市郷土史編さん委員会編『伊佐の田之神さあ』平成25年

薩摩川内市川内歴史資料館編『川内の田の神』平成20年

えびの市歴史民俗資料館編『田の神さあ（ひむか歴史ロマン街道形成推進事業
　　調査報告書）』2002年

加治木町教育委員会編『加治木の田の神さあ』1993年

垂水市教育委員会編『垂水市の文化財、垂水市資料集（五）』昭和59年、平成
　　23年増刷

下鶴弘『姶良地方の田の神について（第3回ふるさと歴史講座資料）』姶良市
　　歴史資料館、平成10年

寺師三千夫『さつま今昔―田の神信仰の史的背景と意義』ＮＨＫ鹿児島放送
　　局、1983年

小野重朗『民俗神の系譜―南九州を中心に―』法政大学出版局、1981年

名越護『鹿児島藩の廃仏毀釈―凄まじい破壊の全容』南方新社、2015年

長島町教育委員会社会教育課編『長島町の文化財めぐり（観光パンフレッ
　　ト）』

山田慶晴『川内市のアベック田の神石像』1978年

山田慶晴『川内市にある田ノ神石像の歴史』1979年

山田慶晴『川内川下流域の田の神石像』1981年

山田慶晴『一石双体田の神さあ』1984年

下野敏見『隼人の国の民俗誌Ⅰ　田の神と森山の神』岩田書院、2004年

屋久町郷土誌編さん委員会編『屋久町郷土誌　第4巻　自然・歴史・民俗』
　　2007年

南九州市教育委員会文化財課編『南九州市文化財ガイドブック（知覧地区）』平成22年

南九州市教育委員会文化財課編『南九州市文化財ガイドブック（川辺地区）』平成24年

南九州市教育委員会文化財課編『南九州市文化財ガイドブック（頴娃地区）』平成28年

出水市教育委員会社会教育課編『出水の石碑・石造物』平成13年

阿久根市郷土史編集委員会編『阿久根の文化財』昭和57年

鹿児島市教育委員会編『鹿児島市史跡めぐりガイドブック』平成28年

財部町教育委員会編『財部町郷土史』昭和47年

曽於市教育委員会編『曽於市文化財ガイドブック（改訂版）』平成27年

末吉町教育委員会編『末吉町の田ノ神さぁ―わが村を見つめて―』1994年

寺島幸男編『そおの田の神さぁ　全員集合！―曽於市立図書館・田の神展示会資料』2016年

さつま町編『さつま町の山岳信仰、さつま町歴史講座レジメ』平成23年

森田清美『かごしま文庫―㉟　さつま山伏、山と湖の民俗と歴史』春苑堂書店、平成8年

古川順弘『日本の神様図鑑』青幻舎、2017年、

市後崎長昭「志布志の田の神石像」『民俗資料調査報告書（一）田の神像・民具・昔話』志布志町教育委員会、昭和50年

つつのは郷土研究会編『つつのは創刊号』昭和47年

寺師三千夫『さんぎし11月号、薩摩文化月刊誌』昭和34年

　このほか、インターネット配信の「鹿児島の田の神」「宮崎県の田の神様」はじめ、多くの先行研究、資料を参考にさせて頂きました。あらためて感謝申し上げます。

　なお前著において、曽於市の田の神石像の参考文献の記載に漏れがあり、大変ご迷惑をおかけしたことを陳謝致します。

152　参考文献

著者紹介

八木幸夫（やぎ ゆきお）医学博士

1948年、宮崎県生まれ。鹿児島大学医学部卒業後、鹿児島大学大学院修士課程を修了し、現在は鹿児島県霧島市福山町にて有床診療所を経営している。午前中は検査や診察を行い、午後からは患者さんの自宅などへの往診や訪問診察に追われている。ただ、午後からの田舎の風景を目にすることが、大変息抜きにもなっており、田の神石像に出会えたのもその時である。著書『田の神石像・全記録—南九州の民間信仰—』。

住所:〒899-4501 鹿児島県霧島市福山町福山4516番地

由緒ある田の神石像の数々
―鹿児島県有形民俗文化財20体を含め、合計110体を紹介―

発行日　2019年7月20日　第1刷発行

著　者　八木幸夫

発行者　向原祥隆

発行所　株式会社　南方新社
　　　　〒892-0873　鹿児島市下田町292-1
　　　　電話　099-248-5455
　　　　振替　02070-3-27929
　　　　URL http://www.nanpou.com/
　　　　e-mail info@nanpou.com

印刷・製本　株式会社　朝日印刷

日々を彩る 一木一草

◎寺田仁志
定価(本体2,000円＋税)

南日本新聞連載の大好評コラムが、美しい本に生まれ変わった。元旦から大晦日まで、366編の写真とエッセイで構成。日々の暮らしにやすらぎをもたらしてくれる花。野辺の花を堪能できる永久保存版。

川の生きもの図鑑

◎鹿児島の自然を記録する会編
定価(本体2,857円＋税)

川をめぐる自然を丸ごとガイド。魚、エビ・カニ、貝など水生生物のほか、植物、昆虫、鳥、両生、爬虫、哺乳類、クモまで。上流から河口域までの生物835種を網羅する総合図鑑。学校でも家庭でも必備の一冊。

貝の図鑑
採集と標本の作り方

◎行田義三
定価(本体2,600円＋税)

本土から奄美群島に至る海、川、陸の貝、1049種を網羅。採集のしかた、標本の作り方のほか、よく似た貝の見分け方を丁寧に解説する。待望の「貝の図鑑決定版」。この一冊で水辺がもっと楽しくなる。

増補改訂版 昆虫の図鑑
採集と標本の作り方

◎福田晴夫他著
定価(本体3,500円＋税)

大人気の昆虫図鑑が大幅にボリュームアップ。九州・沖縄の身近な昆虫2542種を収録。旧版より445種増えた。注目種を全種掲載のほか採集と標本の作り方も丁寧に解説。昆虫少年から研究者まで一生使えると大評判の一冊！

野生植物食用図鑑

◎橋本郁三
定価(本体3,600円＋税)

ゆでる、揚げる、リキュールをつくる、木の実でジャムをつくる──。野生植物を調査し続けて20数年、多数の著書をものする植物学者がまとめた一冊。 沖縄・奄美・南九州で出会った野草の、景色と味わいを満載。

九州・野山の花

◎片野田逸朗
定価(本体3,900円＋税)

葉による検索ガイド付き・花ハイキング携帯図鑑。落葉広葉樹林、常緑針葉樹林、草原、人里、海岸……。生育環境と葉の特徴で見分ける1295種の植物。トレッキングやフィールド観察にも最適。

増補改訂版
校庭の雑草図鑑

◎上赤博文
定価(本体2,000円＋税)

学校の先生、学ぶ子らに必須の一冊。人家周辺の空き地や校庭などで、誰もが目にする300余種を紹介。学校の総合学習はもちろん、自然観察や自由研究に。また、野山や海辺のハイキング、ちょっとした散策に。

琉球弧・野山の花
from AMAMI

◎片野田逸朗著 大野照好監修
定価(本体2,900円＋税)

世界自然遺産候補の島、奄美・沖縄。亜熱帯気候の島々は植物も本土とは大きく異なっている。植物愛好家にとっては宝物のようなカラー植物図鑑。555種類の写真の一枚一枚が、琉球弧の自然へと誘う。

ご注文は、お近くの書店か直接南方新社まで（送料無料）。
書店にご注文の際は必ず「地方小出版流通センター扱い」とご指定ください。

田の神石像・全記録
―南九州の民間信仰―

八木幸夫著

A5判、484頁、オールカラー、上製本　定価（本体3,800円＋税）

南九州の旧薩摩藩領では、江戸期より豊作、子孫繁栄を祈願して多くの田の神石像が祀られてきた。一四四五体（宮崎三五七、鹿児島一〇八八）の実地調査を含め、本書では全二〇六四体（宮崎四〇〇、鹿児島一六六四）の資料を纏めた。貴重な歴史的資料である田の神石像についての初の網羅的資料集である。

■ 本書を推薦します。

民衆は圧政の中でも笑顔を忘れていません。八木幸夫氏の医者としてのヒューマニズムが、農民の夢を託した田の神像を蘇らせました。南九州独特の歴史遺産、田の神像への八木氏の愛情に心打たれます。

原口　泉（鹿児島県立図書館長）

ご注文は、お近くの書店か直接南方新社まで（送料無料）。
書店にご注文の際は必ず「地方小出版流通センター扱い」とご指定ください。